구분	날짜	평균 타수	정확도	확인란
13	월 일			
14	월 일			
15	월 일			
16	월 일			
17	월 일			
18	월 일			
19	월 일			
20	월 일			
21	월 일			
22	월 일			
23	월 일			
24	월 일			

목 차

발 행 일 | 2026년 01월 09일(1판 1쇄)
I S B N | 978-89-5960-518-7
정 가 | 14,000원

기 획 | 렉스미디어 기획팀
진 행 | 이영수
본문디자인 | 디자인앨리스

발 행 처 | ㈜렉스미디어
발 행 인 | 안광준
주 소 | 경기도 파주시 정문로 588번길 24
홈페이지 | www.rexmedia.net

타자 기록표

구분	날짜	평균 타수	정확도	확인란
1	월 일			
2	월 일			
3	월 일			
4	월 일			
5	월 일			
6	월 일			
7	월 일			
8	월 일			
9	월 일			
10	월 일			
11	월 일			
12	월 일			

CHAPTER

01 윈도우11 너를 알고싶다!

학습 목표

- 윈도우 운영체제에 대해 알 수 있어요.
- 코파일럿을 통해 AI 챗봇의 사용법을 알 수 있어요.

핵심 정리 배울 내용을 알아 보아요

운영체제란 무엇인가요?

- 컴퓨터와 사용자 사이를 연결해 주는 중간 관리자 역할을 하는 필수 프로그램이에요.
- 컴퓨터가 제대로 작동하고, 우리가 쉽게 사용할 수 있도록 도와주는 시스템이죠.

윈도우란 무엇인가요?

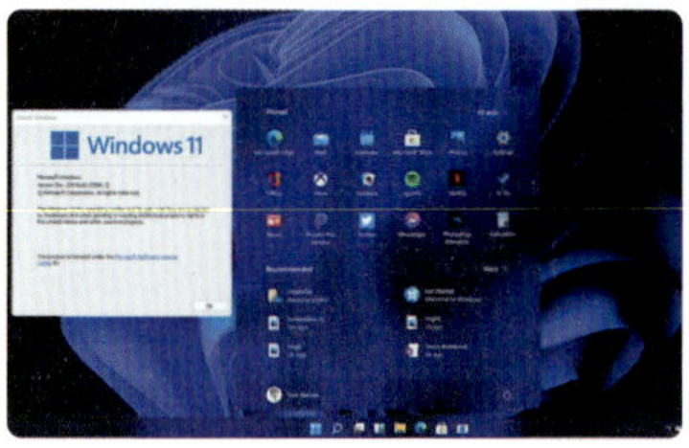

- 마이크로 소프트에서 만든 컴퓨터용 운영체제를 말해요.
- 우리가 컴퓨터를 쉽게 사용할 수 있도록 도와주는 시스템으로 버전에 따라 윈도우 7, 윈도우10, 윈도우 11 등으로 점점 편리하고 예쁘게 바뀌었어요.

윈도우가 하는 일은 무엇인가요?

- 컴퓨터의 여러 부품과 프로그램을 관리하면서 우리가 쉽게 작업할 수 있도록 도와줘요.
- 파일을 관리하고 프로그램을 실행하며, 각종 장치를 연결하고 바이러스나 해킹으로 부터 보안을 유지하는 일을 하죠.

AI 챗봇으로 물어보기

Copilot **코파일럿 AI를 활용하여 오늘 배울 내용을 미리 알아보아요!**

윈도우 11의 주요 기능을 초등학생이 이해할 수 있도록 쉽게 설명해 주세요.

프롬프트 엔지니어를 위한 문해력 키우기

뜻맞히기 게으름의 반대어로 성실한 사람은 주어진 일을 어떻게 하는지 생각해 보세요.

민호는 맡은 일을 끝까지 포기하지 않고 성실하게 했다.
이 때, '성실하다'의 뜻은 무엇일까요?

게으르게 한다	정성스럽고 책임감 있게 한다
아무렇게나 한다	대충대충 한다

1 컴퓨터를 시작해요.

① 컴퓨터 본체와 모니터의 전원 버튼을 차례대로 눌러 컴퓨터를 부팅해요.

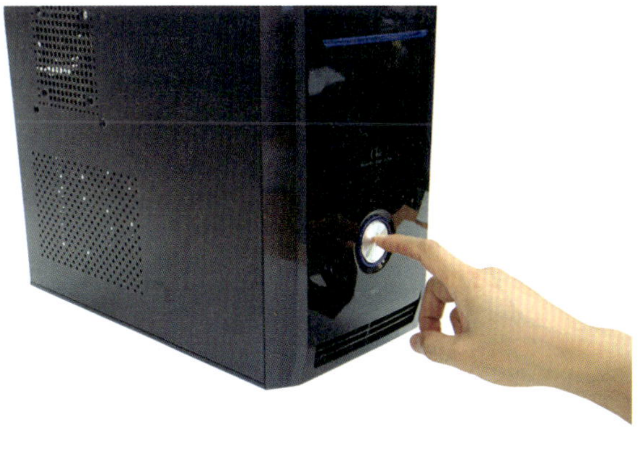

알고 넘어가요!

컴퓨터 부팅이란? 컴퓨터의 전원 버튼을 눌러 컴퓨터를 점검하고 저장된 운영체제 프로그램을 불러와 컴퓨터를 사용할 수 있도록 윈도우 화면을 나타내는 과정을 말해요.

2 윈도우 화면 구성 요소를 알아보아요.

① 윈도우 11 바탕화면이 표시되면 아래 구성 요소를 살펴보아요.

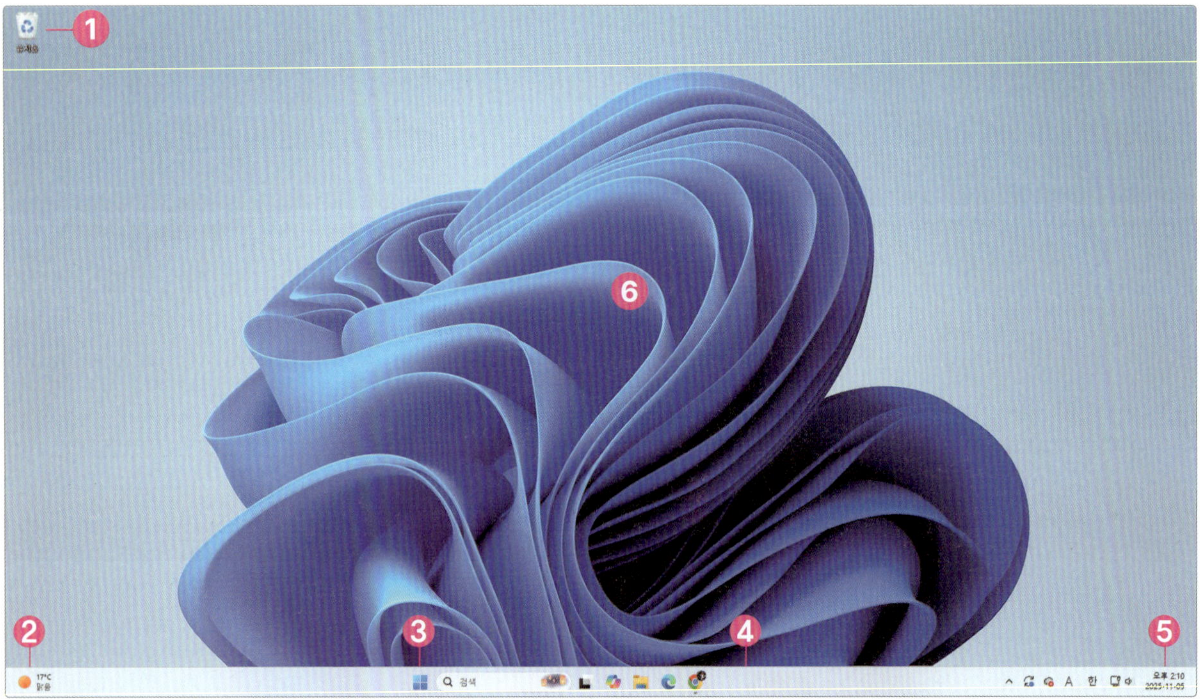

❶ **아이콘** : 앱을 실행하거나 파일 등을 나타내는 작은 그림이에요.
❷ **위젯** : 자주 사용하는 기능을 연결해 놓은 화면으로 날씨, 달력, 뉴스 등 정보를 빠르게 알 수 있어요.
❸ **시작** : 윈도우 모양으로 앱을 실행하거나 윈도우의 설정을 변경할 수 있고 컴퓨터를 끄는 작업을 해요.
❹ **작업 표시줄** : 자주 사용하는 앱과 현재 작업하고 있는 앱을 아이콘으로 표시해요.
❺ **알림영역** : 현재 시간과 알림을 표시하는 곳으로 작업 표시줄의 오른쪽 끝에 있어요.
❻ **바탕화면** : 컴퓨터를 켜면 나오는 화면으로 윈도우에서 실행하는 앱을 창으로 표시해요.

알고 넘어가요!

실행 아이콘과 바로 가기 아이콘의 차이점

- **실행 아이콘** : 윈도우에 설치된 앱의 실행을 위한 연결 아이콘으로 삭제하면 프로그램 실행이 안돼요.
- **바로 가기 아이콘** : 바탕화면 등에 실행 아이콘의 복사본을 만들어 빠르게 실행하기 위해 사용해요. 바로 가기 아이콘을 삭제해도 윈도우에 설치된 앱은 삭제되지 않아요.

▲실행 아이콘

▲바로 가기 아이콘

3 코파일럿 AI 챗봇을 이용하여 궁금한 점을 물어봐요.

① 작업 표시줄의 코파일럿( ) 아이콘을 클릭 후 창에서 물어볼 내용을 입력한 다음 Enter 를 눌러요.
↳ 내용 : 윈도우 11의 주요 기능을 초등학생이 이해할 수 있도록 쉽게 설명해 주세요.

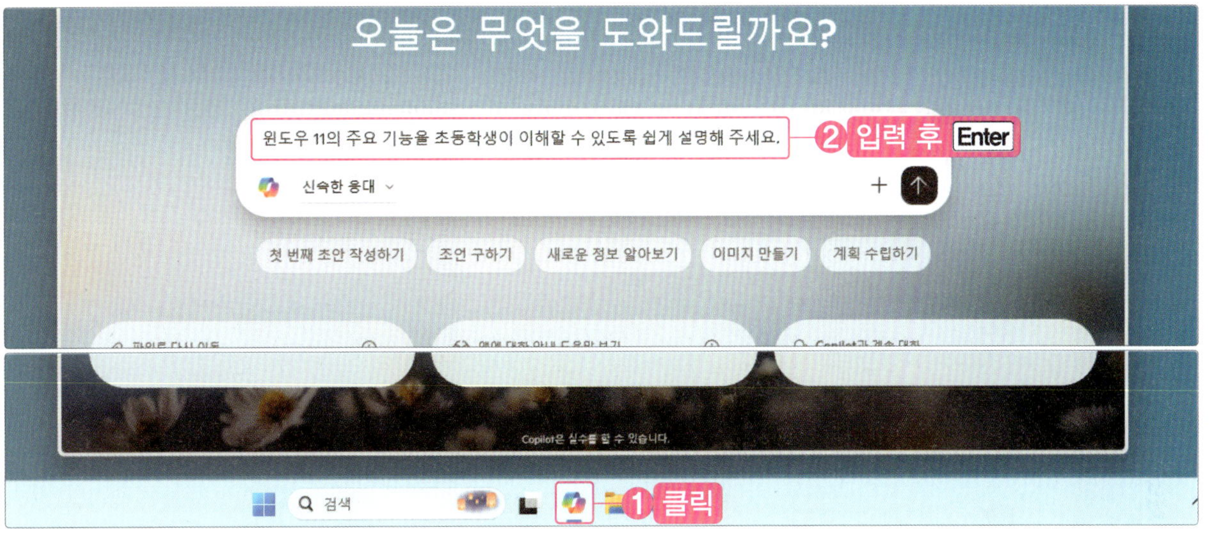

② 인공지능 챗봇이 물어본 내용에 답변을 화면에 표시해요.
같은 방법으로 챗봇을 이용하여 윈도우에 대해 물어보고 싶은 내용을 물어보아요.

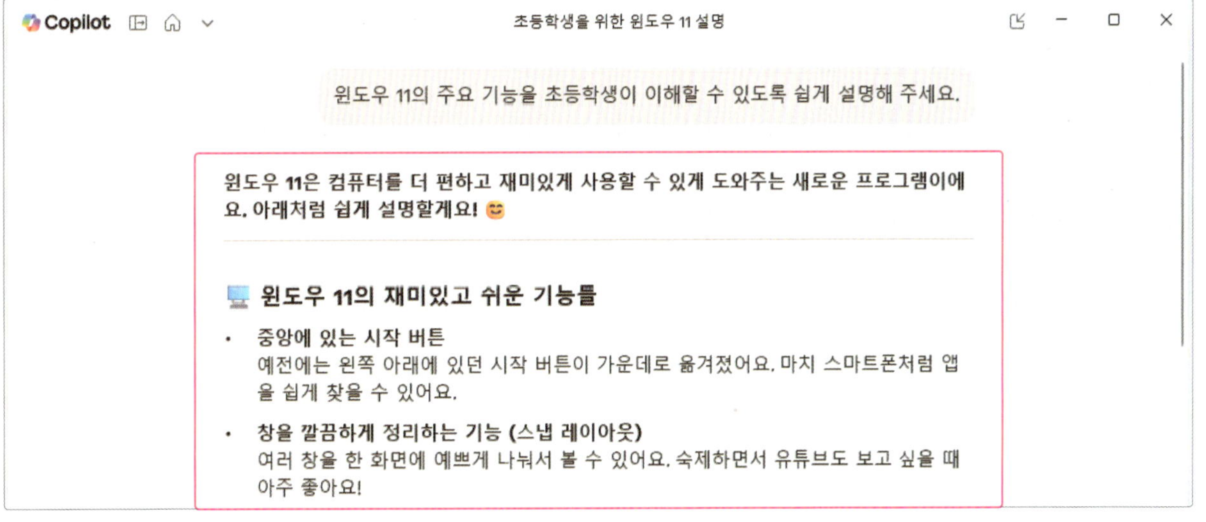

TIP

코파일럿의 옵션 기능을 알아보아요.

- **옵션 더보기**(+) : 새로운 대화, 파일의 업로드, 스크린샷 찍기 등의 기능을 실행할 수 있어요.
- **화면 공유**( ) : 화면에 있는 내용을 공유하여 이에 대해 이야기로 도움을 얻을 수 있어요.
- **대화하기**( ) : 코파일럿 챗본과 음성으로 대화할 수 있어요.

4 윈도우를 종료하고 컴퓨터를 꺼요.

❶ [시작( )] 버튼을 클릭한 후 [전원( )]-[시스템 종료]를 클릭해요.

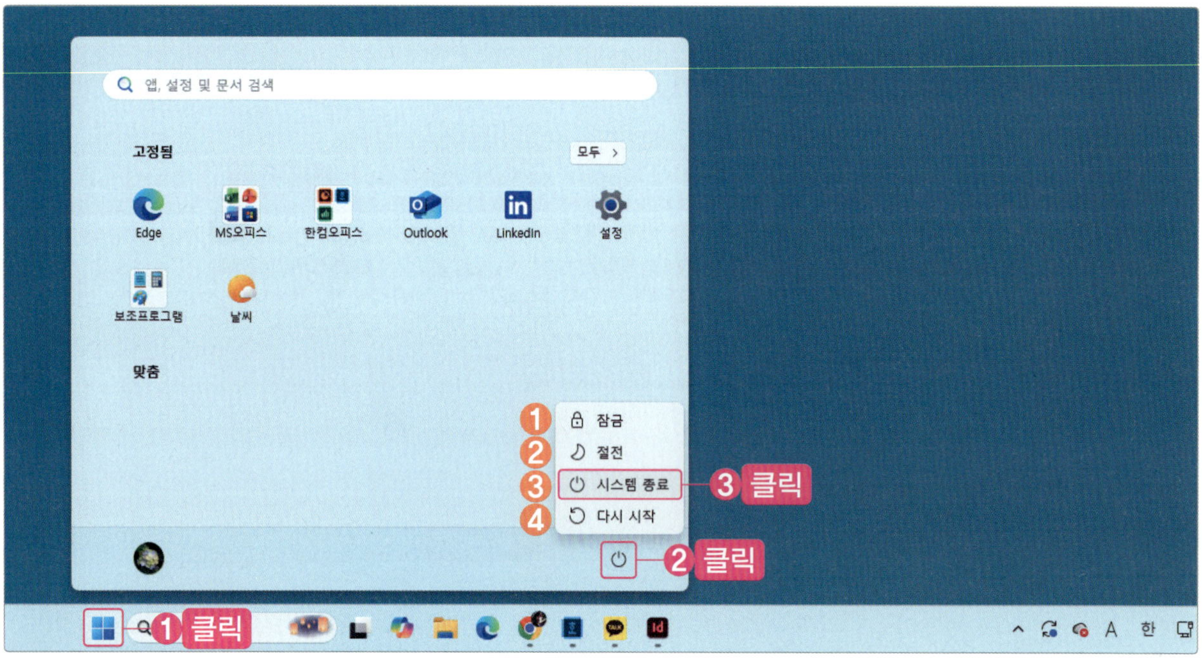

❶ **잠금** : 잠금 화면으로 전환하여 컴퓨터를 보호해줘요.
❷ **절전** : 잠시 쉴 때 선택하는 것으로, 컴퓨터가 꺼진 것처럼 바꾸어 전기를 절약해 줘요.
❸ **시스템 종료** : 열려 있는 앱을 모두 닫고 컴퓨터를 안전하게 종료해요.
❹ **다시 시작** : 열려 있는 앱을 모두 닫고 컴퓨터를 종료한 다음 다시 시작해요.

❷ 컴퓨터 본체가 꺼지면 모니터의 전원 버튼을 눌러요.

알고 넘어가요!

컴퓨터의 안전한 종료 방법

- 컴퓨터는 절대 전원 버튼을 그냥 눌러서 끄면 안돼요. 고장의 원인이 될 수 있어요.
- 놀이를 마치면 깨끗이 정리하는 것처럼 컴퓨터도 현재 작업 중인 앱을 모두 종료한 다음 반드시 [시작( )]-[전원( )]을 눌러 시스템을 종료해야 해요.

CHAPTER 01

톡톡 학습

AI 천재로 가는 길!

AI 챗봇으로 물어보기

Copilot **코파일럿 AI를 활용하여 아래의 내용을 미리 알아보아요!**

컴퓨터 사용의 올바른 자세에 대해 초등학생이 이해할 수 있도록 설명해 주세요.

01 코파일럿 AI를 활용하여 초등학생이 사용하기 좋은 윈도우의 기능을 알아보아요.

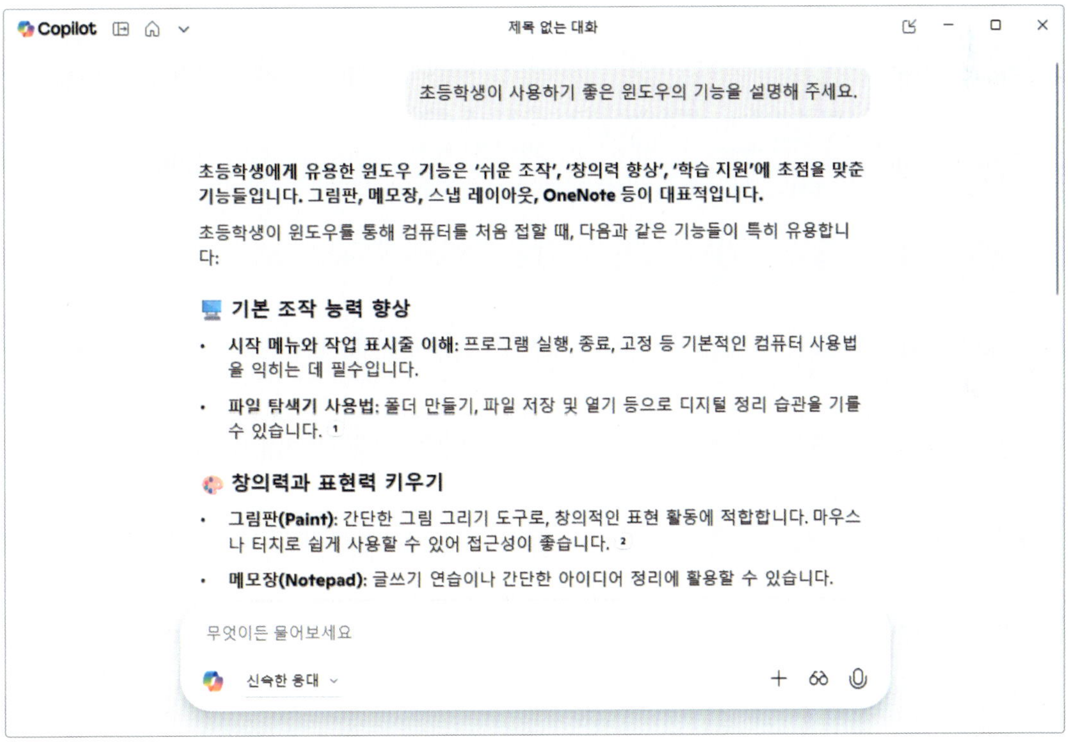

02 컴퓨터를 켜는 것을 무엇이라고 할까요?

① 부팅 ② 대기

① 잠금 ② 시스템 종료

CHAPTER 02

작업 표시줄 너를 알고싶다!

학습 목표

- 작업 표시줄이 무엇인지 알 수 있어요.
- 작업 표시줄의 기능을 알 수 있어요.

핵심 정리 배울 내용을 알아 보아요

작업 표시줄이란 무엇인가요?

작업 표시줄은 윈도우 화면 하단에 위치한 도구 모음이에요.
실행 중인 프로그램을 확인하고 빠르게 전환하거나 앱을 실행할 수 있는 핵심 기능이죠.

작업 표시줄에는 무엇이 있나요?

- **시작 버튼** : 윈도우에 설치된 모든 앱을 메뉴 형식으로 표시해요.
- **검색창** : 앱이나 문서, 웹 페이지 등을 빠르게 찾을 수 있어요.
- **작업 보기** : 현재 실행중이거나 최근 사용한 창을 한눈에 확인할 수 있어요.
- **앱 아이콘** : 자주 사용하는 앱을 고정하거나 실행 중인 앱을 표시해 빠르게 이동할 수 있어요.
- **시스템 트레이** : 날짜와 시간, 볼륨 조절, 네트워크 상태나 알림 센터 등을 확인할 수 있어요.

오타 제거중... 없어요.

AI 챗봇으로 물어보기

Copilot **코파일럿 AI를 활용하여 오늘 배울 내용을 미리 알아보아요!**

작업 표시줄에 대해 초등학생이 이해할 수 있도록 쉽게 설명해 주세요.

프롬프트 엔지니어를 위한 문해력 키우기

문맥 속 단어고르기 할머니의 웃음은 어떤 느낌일지 생각해 보세요.

할머니께서는 우리를 보시고 __________ 웃으셨다.
이 때, 밑줄에 들어갈 알맞은 말은 무엇일까요?

씩씩하게	따뜻하게
심하게	거칠게

1 작업 표시줄에 앱을 고정해 보아요

① 작업 표시줄의 검색창에 '스티커 메모'를 입력해요.

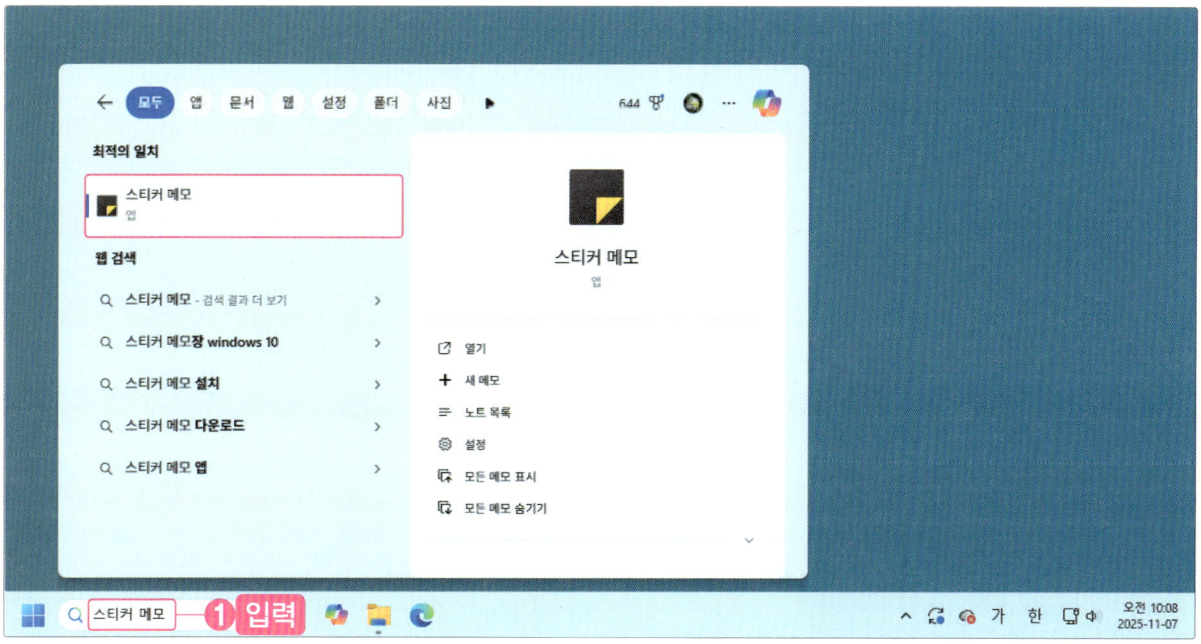

❷ 스티커 메모 앱의 [작업 표시줄에 고정]을 클릭해요.

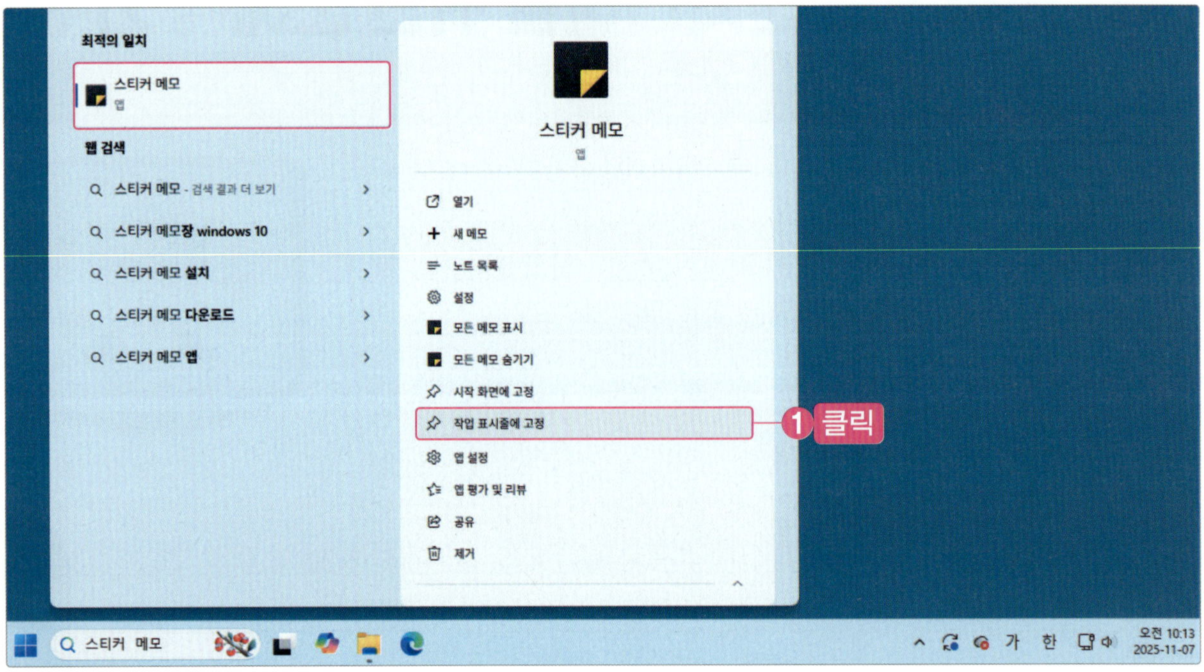

TIP

[시작 화면에 고정] 메뉴가 보이지 않을 경우 펼치기(⌄)를 누르면 하위 메뉴가 모두 보여요.

❸ 스티커 메모 앱이 작업 표시줄에 고정돼요.

❹ 스티커 메모 아이콘에서 마우스 오른쪽 단추를 눌러 [작업 표시줄에서 제거]를 클릭하면 작업 표시줄에서 앱이 제거돼요.

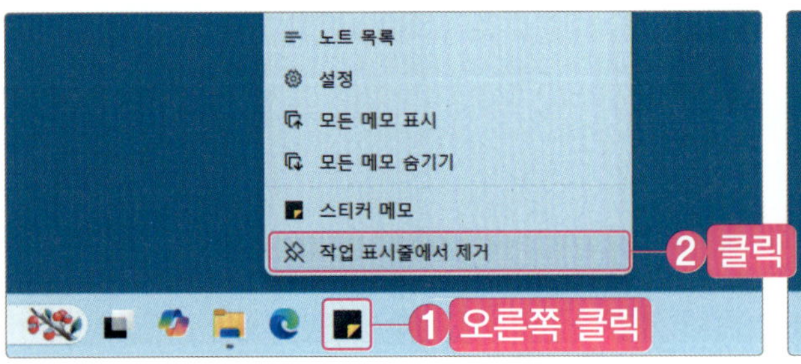

알고 넘어가요!

마우스 오른쪽 단추를 눌러 표시되는 메뉴를 바로 가기 메뉴라고 하며, 자주 사용하는 기능이나 위치에 빠르게 접근할 수 있도록 도와주는 메뉴를 말해요.

2 작업 표시줄을 자동으로 숨겨요.

❶ 작업 표시줄에서 마우스 오른쪽 단추를 눌러 [작업 표시줄 설정]을 클릭해요.

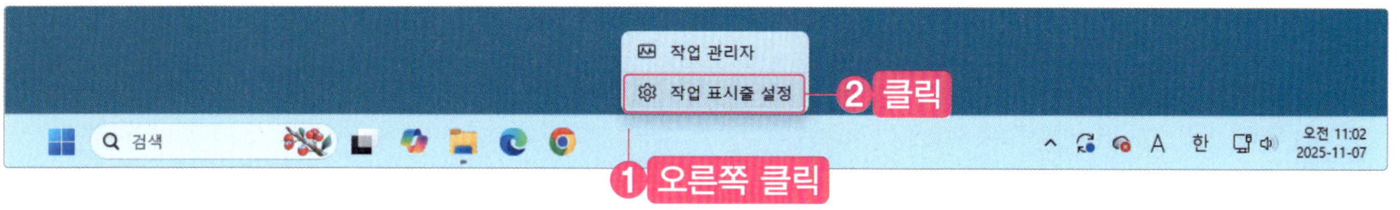

❷ [작업 표시줄] 설정 창이 표시되면 작업 표시줄 동작 항목의 [작업 표시줄 자동 숨기기]를 체크하면 화면 아래쪽 작업 표시줄이 숨겨져요.

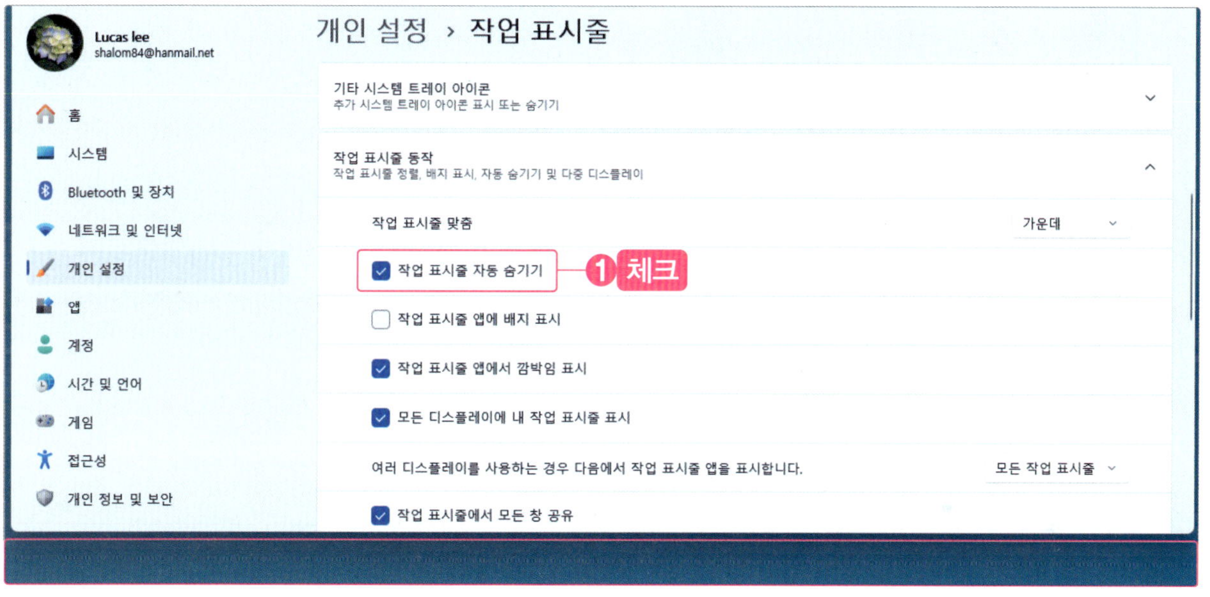

❸ 화면 아래쪽 작업 표시줄 위치로 마우스 포인터를 이동할 때 나타나는 것을 확인할 수 있어요.

❹ 작업 표시줄을 화면 아래에 고정하기 위해 [작업 표시줄 자동 숨기기]의 체크를 해제해요.

3 작업 표시줄의 검색 상자를 아이콘 모양으로 수정해요.

❶ [개인 설정 > 작업 표시줄] 창의 [검색] 항목에서 [검색 상자]의 목록 단추를 클릭해요.

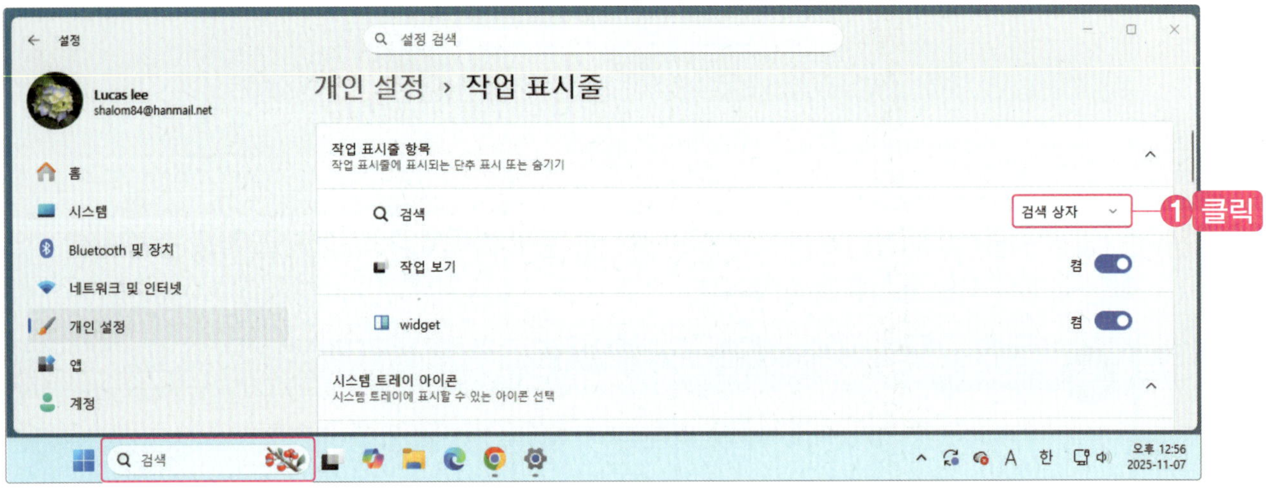

❷ 목록에서 [검색 아이콘만]을 선택하면 작업 표시줄의 [검색 상자]가 [아이콘(Q)]으로만 표시돼요.

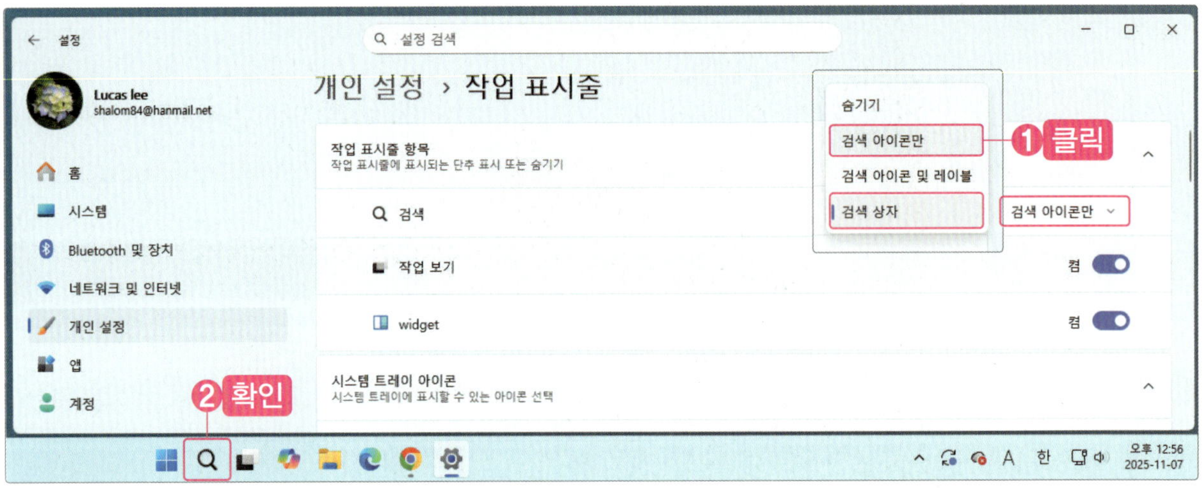

TIP

[검색] 항목의 [숨기기]를 선택하면 검색 항목을 작업 표시줄에서 숨길 수 있어요.

❸ [검색] 항목을 [검색 상자]로 선택하여 작업 표시줄에 기본 설정인 검색 상자 모양으로 수정해요.

CHAPTER 02

톡톡 학습

AI 천재로 가는 길!

AI 챗봇으로 물어보기

Copilot 코파일럿 AI를 활용하여 아래의 내용을 미리 알아보아요!

윈도우의 집중 시간이란 무엇인지 초등학생이 이해할 수 있도록 설명해 주세요.

01 시스템 트레이의 날짜와 시간에서 5분 동안 집중 시간을 설정해 보아요.

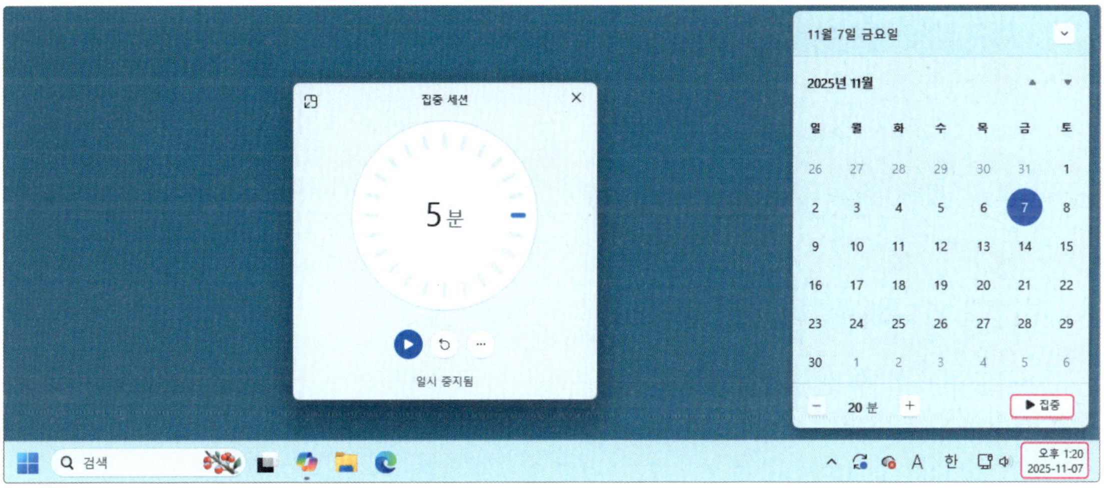

02 윈도우에서 집중 시간에 대한 설명으로 옳지 않은 것은 무엇일까요?

① 숙제하거나 공부할 때 컴퓨터를 조용하게 환경을 만들어줘요.

② 집중 시간을 설정하면 그 시간동안 메시지나 알림을 소리로 확인할 수 있어요.

③ 오후 3시부터 4시까지 집중 시간을 설정하면 그 시간동안 조용하게 방해받지 않아요.

④ 친구의 메시지나 앱 알림이 안 뜨게 도와줘요.

CHAPTER 03

시작 화면 너를 알고싶다!

학습 목표

- 시작 화면에 대해 알 수 있어요.
- 시작 화면에 앱을 추가 및 제거 방법에 대해 알 수 있어요.

핵심 정리 배울 내용을 알아 보아요

시작 화면이란 무엇인가요?

시작 화면은 집에 들어가는 문과 같이 컴퓨터의 모든 것을 시작하는 입구 역할을 해요.
마치 집의 문을 열면 방, 거실, 화장실 등을 갈 수 있듯이 시작 메뉴를 열면 다양한 앱을 열 수 있죠.

집에가서 밥먹어야지~

컴퓨터로 게임 해야지~

시작 화면에는 무엇이 있나요?

- **앱(App) 실행** : 설치된 앱을 보여주며, 원하는 앱을 클릭하여 실행할 수 있어요.
- **검색 기능** : 키워드를 입력하면 앱, 파일, 설정, 웹 결과 등을 빠르게 검색할 수 있어요.
- **전원 옵션** : 컴퓨터의 종료, 다시 시작, 전원 모드로 전환하는 기능을 제공해요.
- **설정 및 파일 접근** : 시스템 설정, 파일 탐색기, 문서, 사진 등 주요 폴더를 빠르게 접근 할 수 있어요.
- **고정된 앱(App)** : 자주 사용하는 앱을 시작 메뉴에 고정하여 빠르게 실행할 수 있어요.

AI 챗봇으로 물어보기

Copilot **코파일럿 AI를 활용하여 오늘 배울 내용을 미리 알아보아요!**

윈도우의 시작 화면이란 무엇인지 초등학생이 이해할 수 있도록 쉽게 설명해 주세요.

프롬프트 엔지니어를 위한 문해력 키우기

유사·반대어 찾기 슬픈 감정의 반대를 생각해 보세요.

'슬프다'의 반대말은 무엇일까요?

기쁘다	답답하다
아프다	외롭다

1 시작 화면을 살펴 보아요

1. [시작(⊞)] 단추를 클릭한 다음 표시되는 시작 화면을 살펴보아요.

① **계정** : 현재 로그인 중인 사용자를 표시해요.
② **검색** : 설치된 앱이나 파일, 설정 등을 검색해요.
③ **고정** : 시작 화면에 아이콘으로 항상 표시해요.
④ **맞춤** : 최근에 사용한 파일들이 표시돼요.
⑤ **전원** : 컴퓨터를 종료하거나 다시 시작 해요.

2 시작 화면에 앱(App)을 추가해요.

❶ [시작(■)] 단추를 클릭한 후 [모두]를 클릭해요.

❷ 메뉴 목록의 [메모장]에서 마우스 오른쪽 단추를 눌러 [시작 화면에 고정]을 클릭해요.

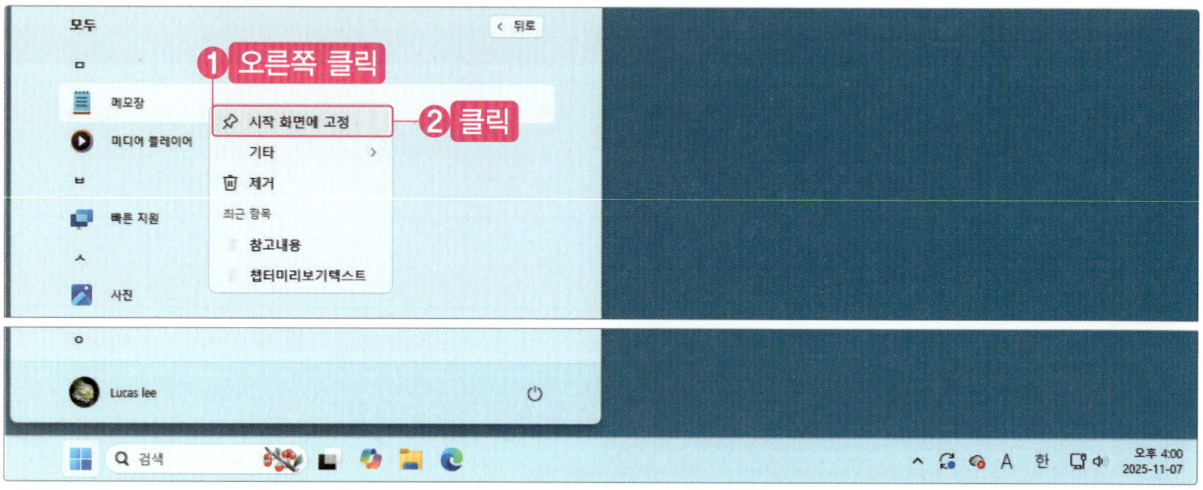

❸ 같은 방법으로 [시작 화면에 고정]을 이용하여 그림판, 계산기 앱을 시작 메뉴에 고정해요.

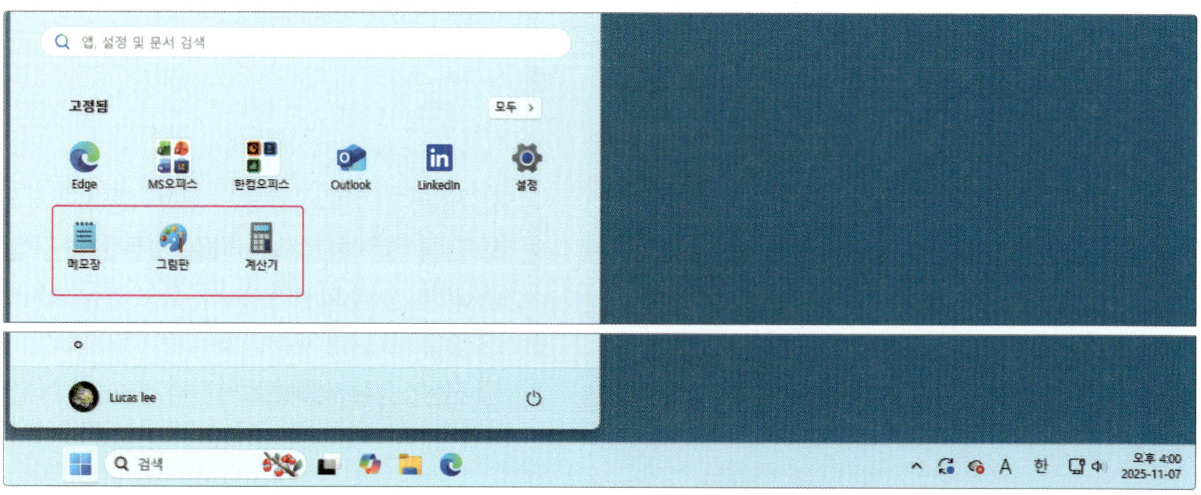

3 시작 화면의 앱(App)을 그룹으로 묶어요.

❶ 시작 화면의 메모장을 그림판 위로 드래그하여 폴더를 만들어요.

↳ 시작 화면의 아이콘이 서로 겹쳐질 경우 자동으로 폴더 생성

❷ 만들어진 폴더를 클릭한 후 이름(보조프로그램)을 수정한 다음 시작 화면의 빈 공간을 클릭해요.

❸ 폴더 안에 추가된 앱을 다시 시작 화면으로 드래그하면 이동할 수 있으며, 폴더 안에 앱이 없을 경우 자동으로 폴더는 사라집니다.

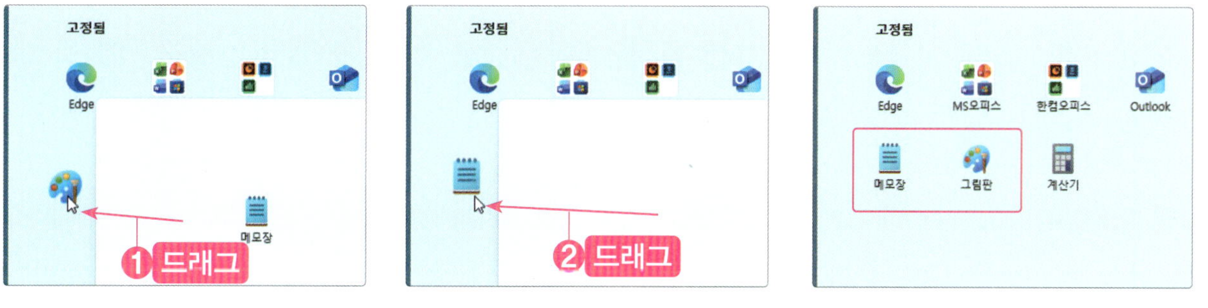

4 시작 화면에서 앱(App)을 삭제해요.

❶ [시작(■)] 버튼을 클릭한 후 시작 화면의 제거할 앱(계산기)에서 마우스 오른쪽 버튼을 눌러 [시작 화면에서 제거]를 클릭해요.

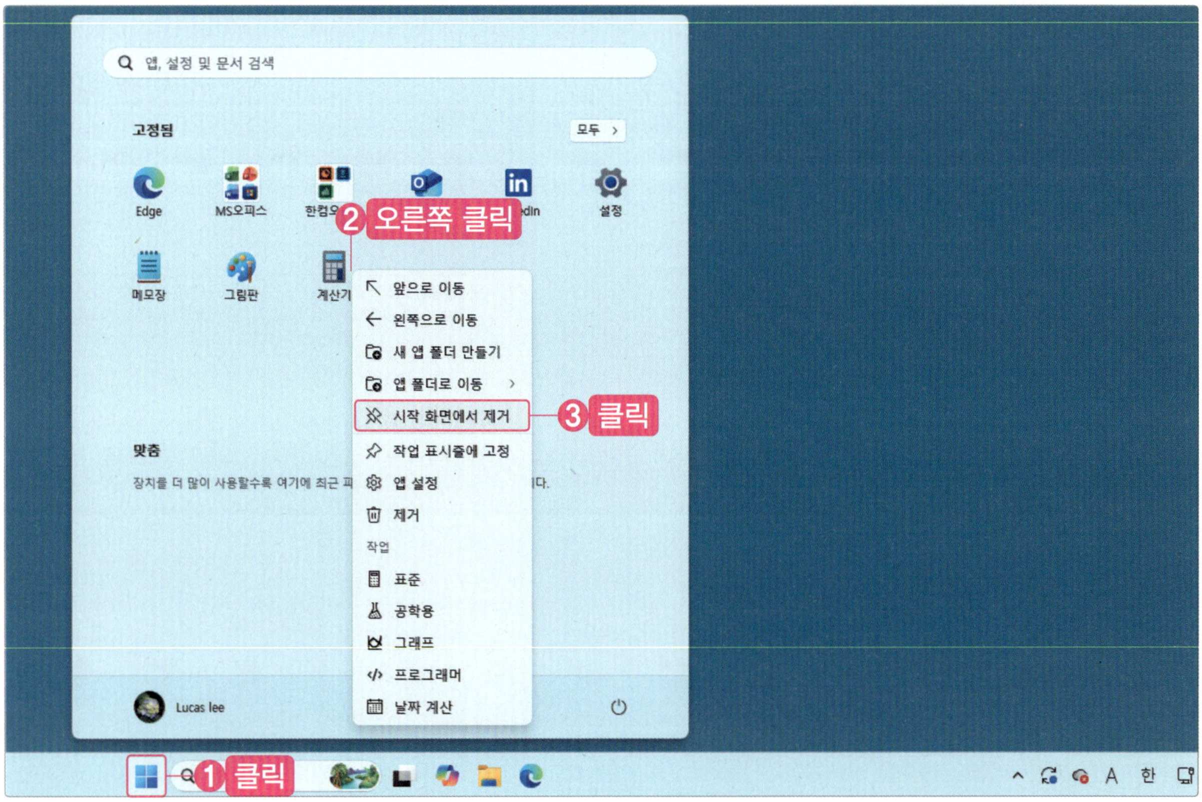

❷ 선택한 앱(계산기)이 시작 화면에서 삭제된 것을 확인할 수 있어요. 같은 방법으로 시작 화면에 필요 없는 앱을 삭제해 보아요.

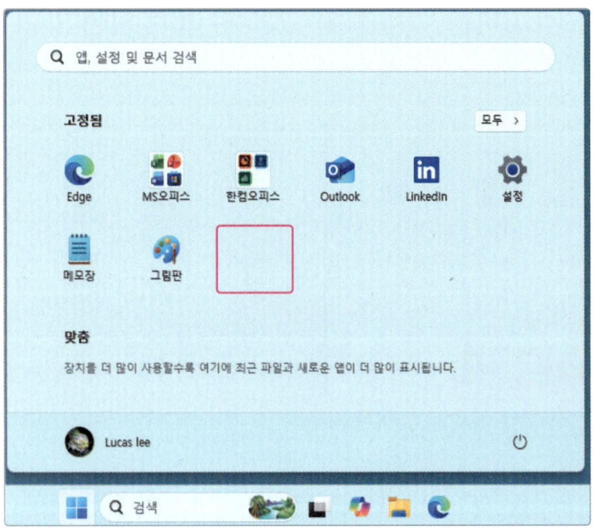

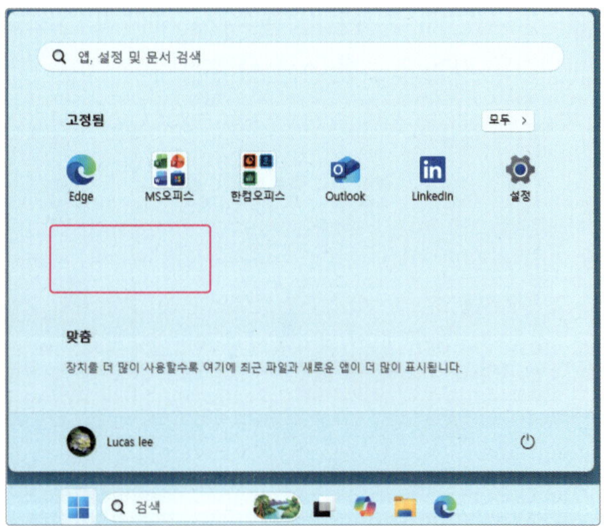

톡톡 학습 AI 천재로 가는 길!

AI 챗봇으로 물어보기

Copilot 코파일럿 AI를 활용하여 아래의 내용을 미리 알아보아요!

윈도우의 시작 화면 하단에 [설정]과 [파일 탐색기] 폴더를 추가하는 방법을 알려주세요.

01 윈도우의 시작 메뉴 하단에 설정과 다운로드 폴더를 추가해 보세요.

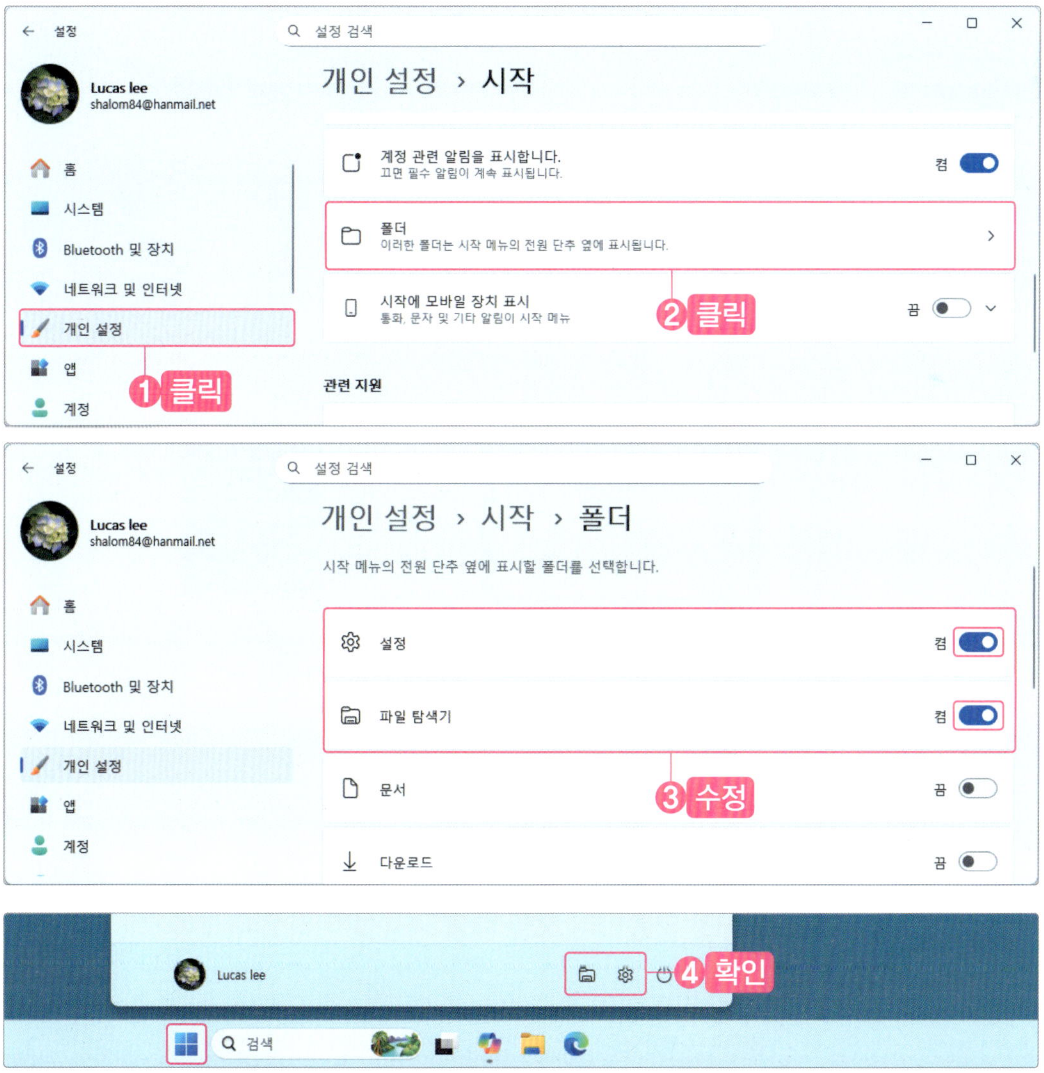

CHAPTER 04

창의 변경 방법을 알고싶다!

학습 목표

- 창 제어 단추의 사용 방법을 알 수 있어요.
- 스냅 레이아웃의 사용 방법을 알 수 있어요.

핵심 정리 배울 내용을 알아 보아요

창 제어 단추란 무엇인가요?

앱을 실행할 경우 바탕 화면에 앱을 창으로 표시하는데, 그 크기를 변경하는 4개의 버튼을 의미해요.

- **최소화**(–) : 창을 작업 표시줄로 숨겨요.
- **최대화**(□) / **복원**(⧉) : 창을 화면 전체로 확장하거나 원래의 크기로 되돌려요.
- **닫기**(×) : 창을 종료해요.

스냅 레이아웃이란 무엇인가요?

스냅 레이아웃이란 여러 개의 창을 효율적으로 배치하기 위해 미리 설정된 영역 모음을 의미해요.
원하는 레이아웃을 선택하면 윈도 창에 표시된 앱을 선택한 레이아웃으로 만들어 줘요.
창을 효율적으로 배치하여 동시에 여러 작업을 할 수 있도록 도와줘요.

원하는 레이아웃 틀에 끼워 넣으면 자동으로 창의 크기가 변경돼요~

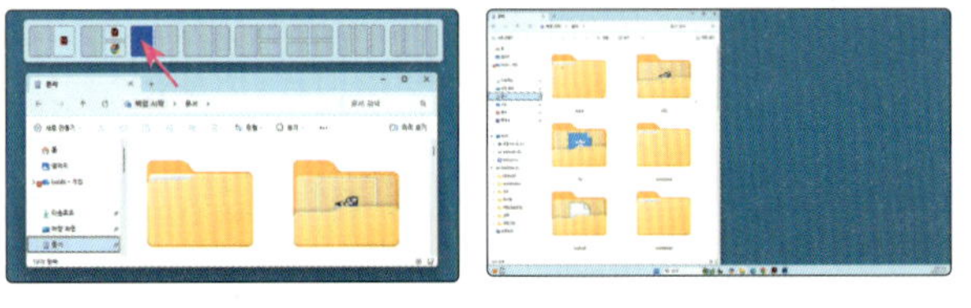

AI 챗봇으로 물어보기

Copilot 코파일럿 AI를 활용하여 오늘 배울 내용을 미리 알아보아요!

윈도우의 창 제어 단추란 무엇인지 초등학생이 이해할 수 있도록 쉽게 설명해 주세요.

프롬프트 엔지니어를 위한 문해력 키우기

올바른 용어 사용 노는 장소에서 자연스러운 행동을 생각해 보세요.

아래 밑줄친 문장을 올바른 표현으로 바꾸어 보세요.
'나는 놀이터에서 친구와 언행했다'

운동했다	밥을 먹었다
공부했다	잠을 잤다

1 날씨 앱을 실행해요

1. [시작(■)]-[모두]를 클릭한 후 표시되는 시작 화면의 목록에서 [날씨]를 클릭해요.

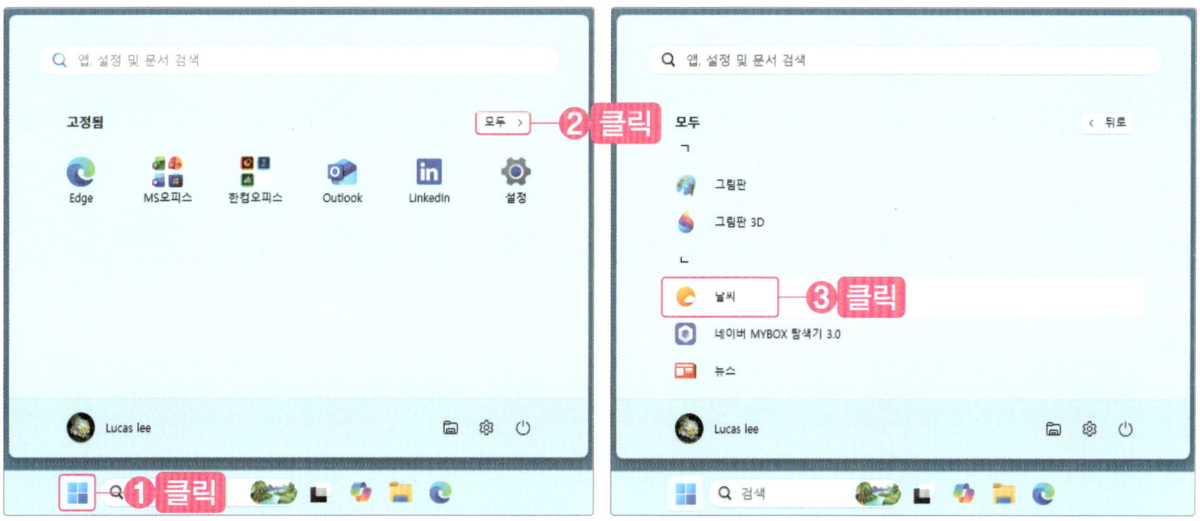

2 날씨 앱에서 원하는 지역의 날씨를 검색 후 창을 숨겨요.

❶ [날씨] 앱이 실행되면 창의 오른쪽 검색 입력란에 검색할 지역(일산)을 입력해서 날씨를 검색해요.

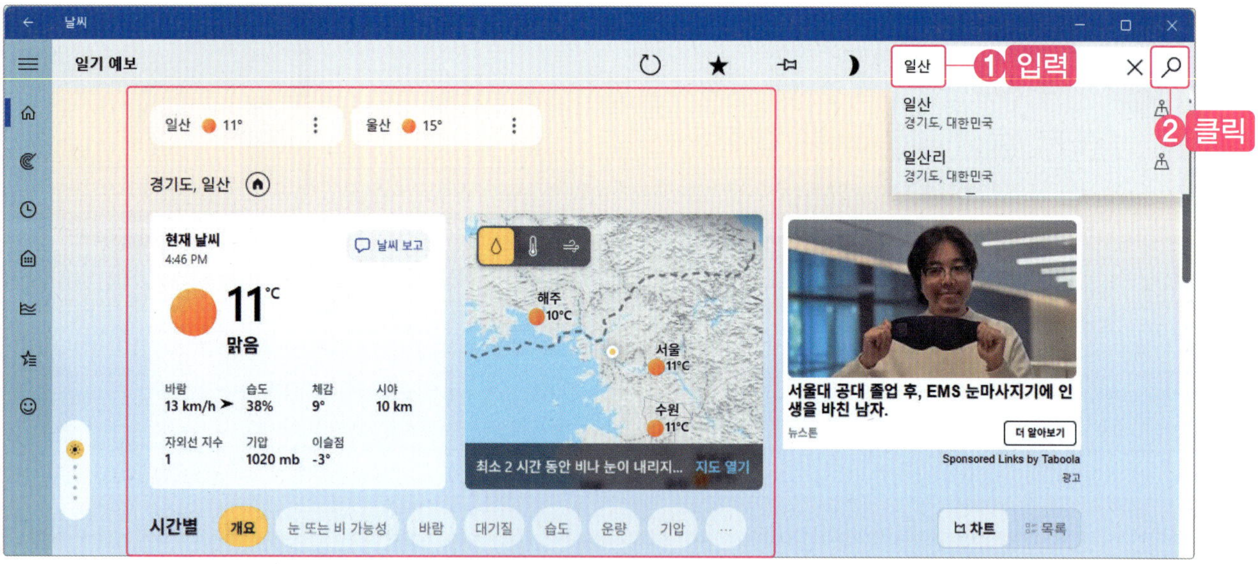

❷ [날씨] 창의 창 제어 단추 중에서 [최소화(–)]를 클릭해요.

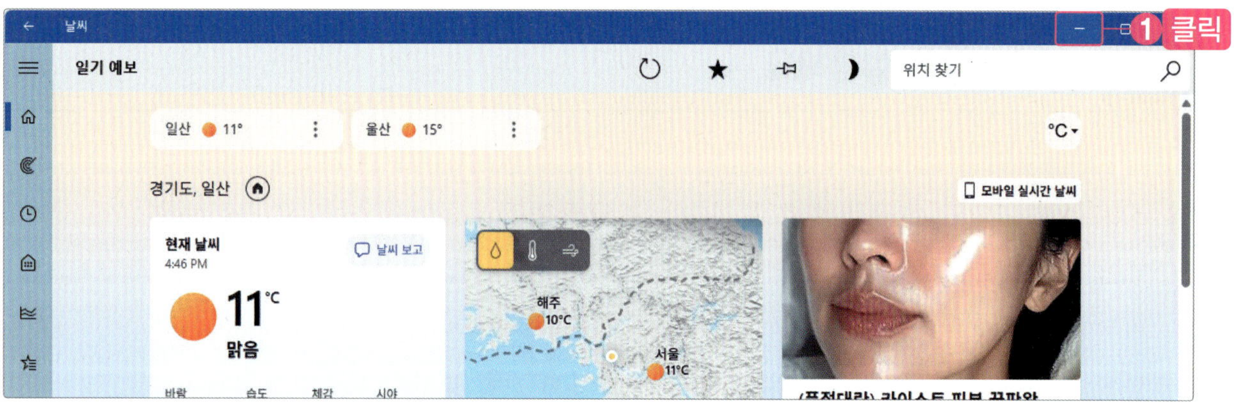

❸ 바탕화면에서 [날씨] 창를 숨기고 작업 표시줄에 아이콘 모양으로만 표시하며, 클릭하면 다시 나타나요.

3 창의 크기를 변경해요.

❶ [날씨] 창의 창 제어 단추 중에서 [최대화(□)]를 클릭해요.

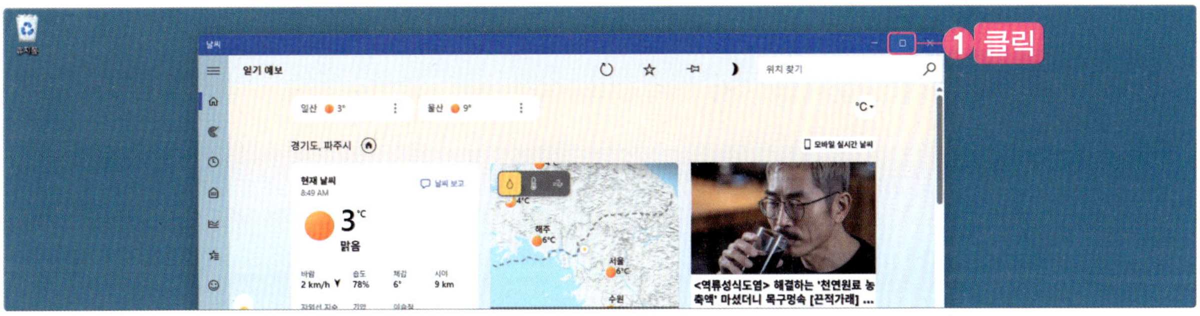

❷ [날씨] 창의 크기가 최대의 화면으로 바뀌고, [복원(⧉)]을 클릭하면 다시 이전의 크기로 돌아가요.

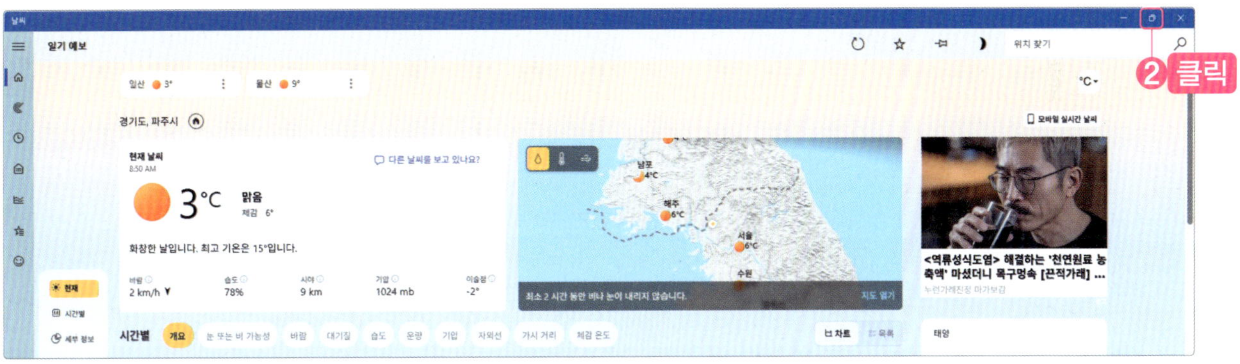

❸ 창의 테두리에 위치하여 포인터 모양이 크기 변경 모양(⇔/⇕/⤡)일 때 드래그하면 원하는 크기로 바꿀 수 있어요.

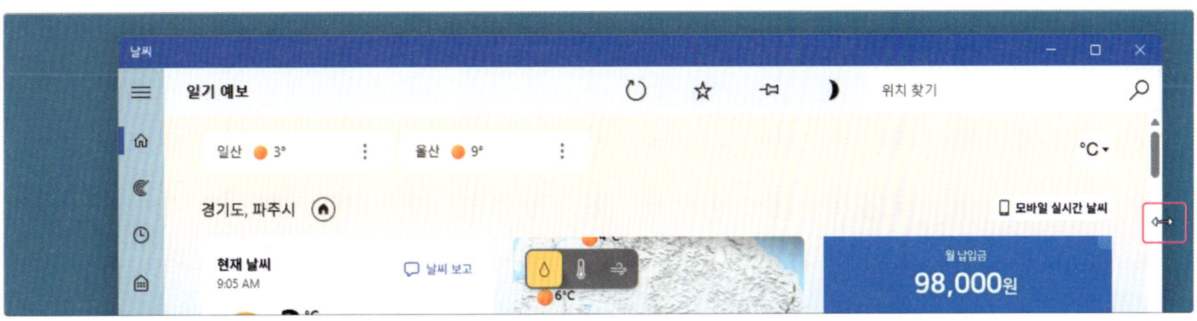

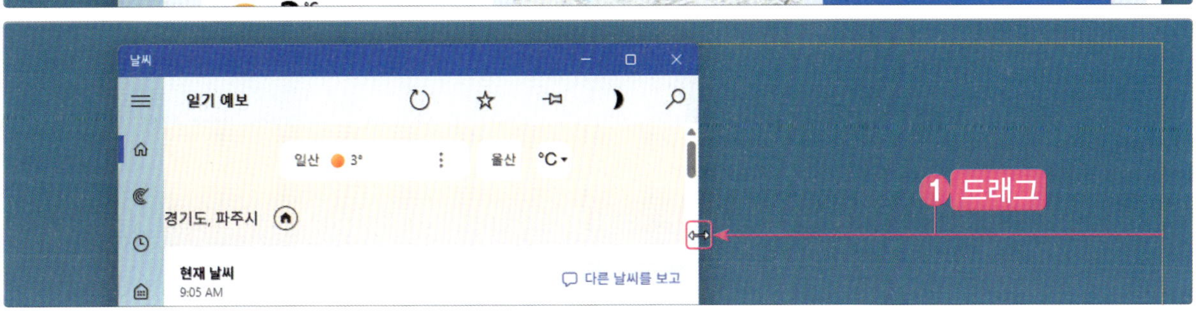

4 스냅 레이아웃을 이용하여 창의 레이아웃을 변경해요.

❶ [날씨] 창의 제목 표시줄을 화면 위쪽 스냅 레이아웃 위치로 이동하여 레이아웃 목록이 표시되면 원하는 레이아웃으로 드래그해요.

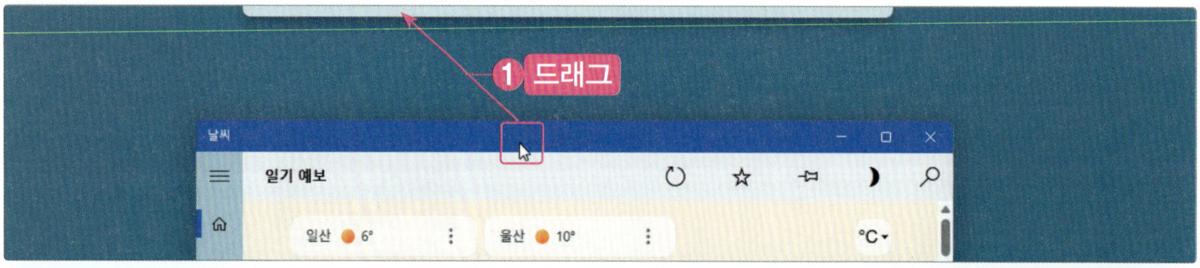

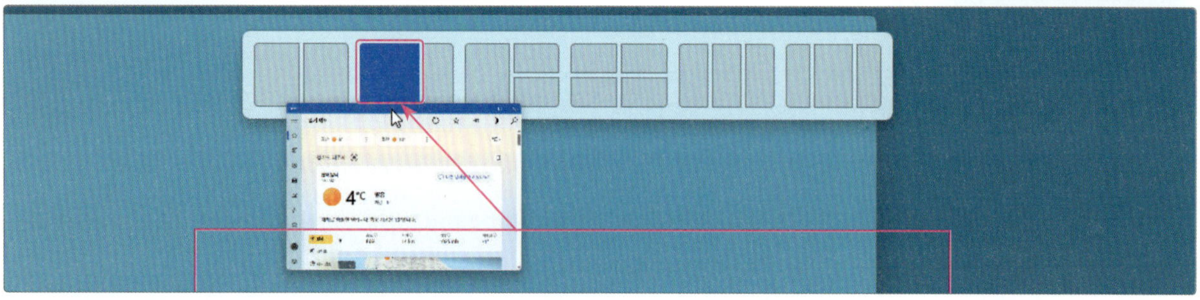

❷ 바탕화면에서 선택한 레이아웃 크기에 맞추어 창의 크기가 자동으로 수정돼요.
[날씨] 창의 제목 표시줄을 드래그하여 원하는 위치로 이동하면 창의 크기가 이전의 크기로 바껴요.

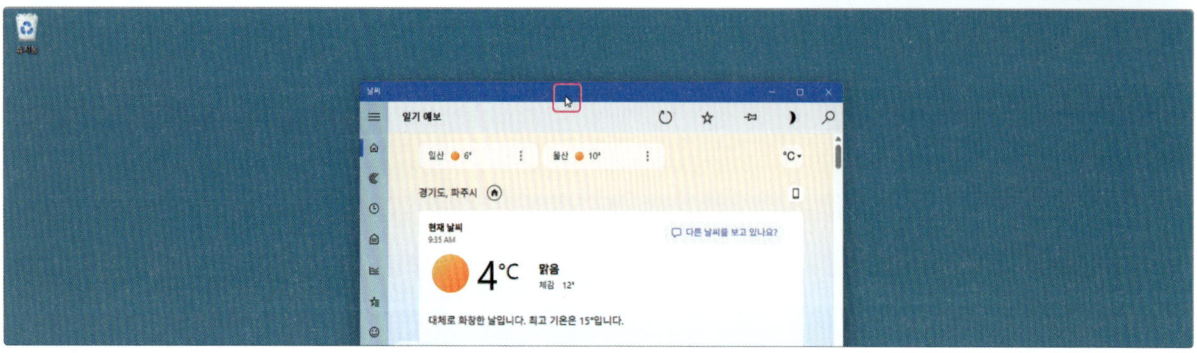

CHAPTER 04

톡톡 학습

AI 천재로 가는 길!

AI 챗봇으로 물어보기

Copilot **코파일럿 AI를 활용하여 아래의 내용을 미리 알아보아요!**

윈도우에서 단축키를 이용하여 창의 레이아웃을 변경하는 방법을 알려주세요.

01 윈도우의 단축키를 이용하여 창의 크기를 변경하는 방법을 실행해 보세요.

1. [시작()]-[모두]-[시계]를 클릭하여 [시계] 창을 열어요.

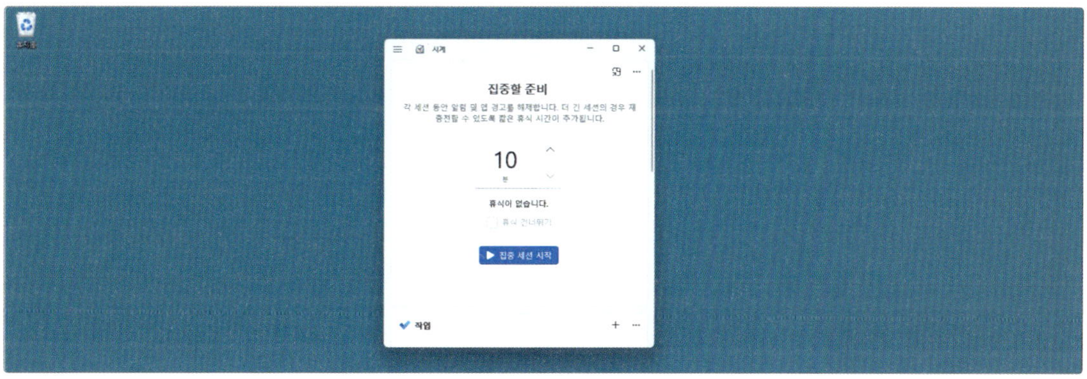

2. 키보드의 [윈도우 키()]+[왼쪽 방향키(←)]를 눌러보아요.
3. 창을 원래의 크기로 변경 후 키보드의 [윈도우 키()]+[오른쪽 방향키(→)]를 눌러보아요.
4. 창을 원래의 크기로 변경 후 키보드의 [윈도우 키()]+[위쪽 방향키(↑)]를 눌러보아요.
5. 창을 원래의 크기로 변경 후 키보드의 [윈도우 키()]+[아래쪽 방향키(↓)]를 눌러보아요.

CHAPTER

05 바탕화면을 변경해 보자!

학습 목표

- 바탕화면의 변경 방법을 알 수 있어요.
- 화면보호기의 설정 방법을 알 수 있어요.

핵심 정리 배울 내용을 알아 보아요

바탕화면이란 무엇인가요?

바탕화면은 컴퓨터를 켰을 때 처음 보이는 화면을 말해요.
우리가 좋아하는 사진이나 그림으로 바탕화면을 꾸밀 수 있어요.
바탕화면을 바꾸기 위해서는 [개인 설정]을 이용하며, 배경, 색, 테마, 잠금 화면 등을 수정할 수 있어요.

화면보호기란 무엇인가요?

컴퓨터 사용을 잠시 멈추고 자리를 비울 때 내 컴퓨터의 화면을 숨겨주는 기능이에요.
대기 시간동안 컴퓨터로 아무 작업을 하지 않으면 다른 친구들이 내 모니터 화면을 보지 못하도록 해요.
화면보호기의 종류와 대기 시간을 설정해 놓을 수 있어요.

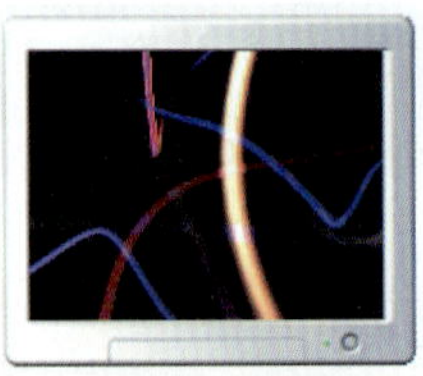
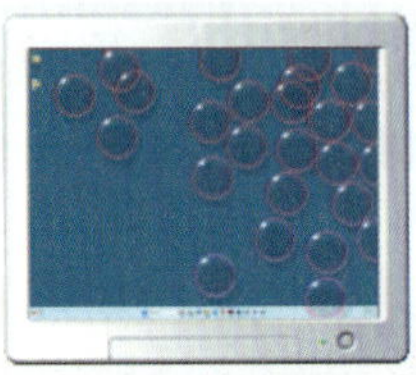

AI 챗봇으로 물어보기

Copilot **코파일럿 AI를 활용하여 오늘 배울 내용을 미리 알아보아요!**

윈도우의 화면보호기란 무엇인지 초등학생이 이해할 수 있도록 쉽게 설명해 주세요.

프롬프트 엔지니어를 위한 문해력 키우기

사고력 확장 친구가 힘들 때는 어떻게 해야 하는지 생각해 보세요.

반 친구가 어려운 문제를 이해하지 못해 힘들어한다.
알맞은 태도는 무엇일까요?

놀린다	모른 척한다
도와줄 수 있는 만큼 설명해 준다	못 푼다고 말한다

1 윈도우 바탕화면을 변경해요

1. 바탕화면의 빈 공간에서 마우스 오른쪽 단추를 눌러 [개인 설정]을 클릭한 후 [배경]을 클릭해요.

   ↳ [시작(■)]-[설정]을 클릭한 후 [개인 설정]을 클릭해도 [개인 설정] 화면을 표시할 수 있어요.

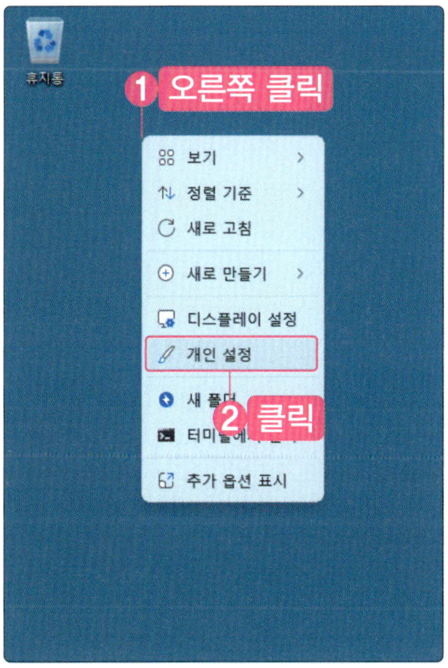

❷ [개인 설정]-[배경] 화면에서 배경 개인 설정 항목을 [슬라이드 쇼]로 선택해요.

❸ [슬라이드 쇼 사진 앨범 선택] 항목의 [찾아보기]를 클릭해요.

❹ [폴더 선택] 대화상자에서 [5차시] 폴더를 선택하고 사진 변경 간격을 [1분]으로 수정해요.

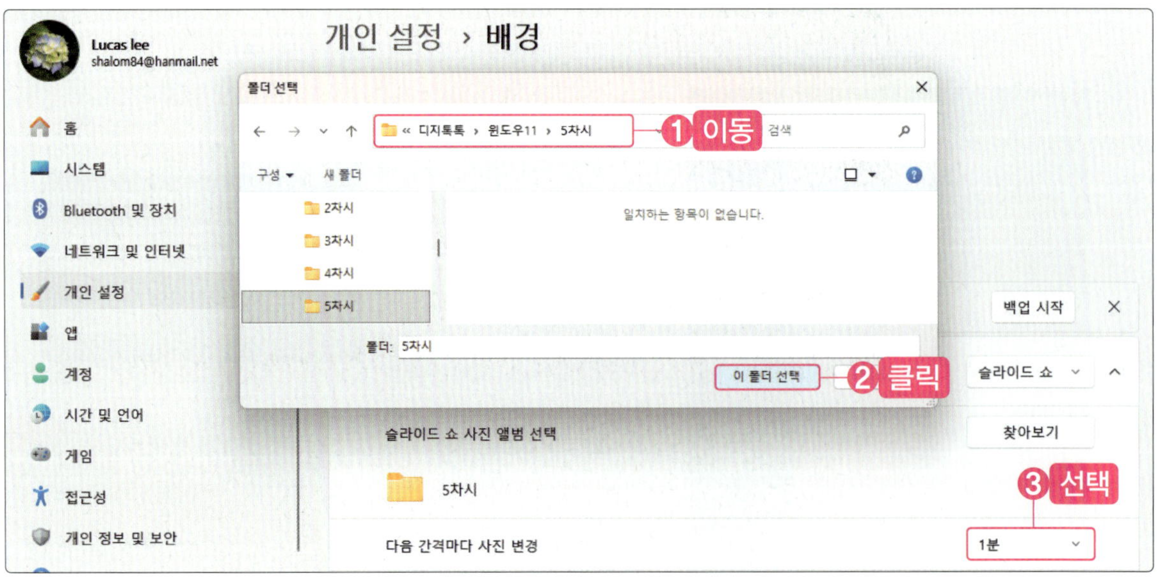

❺ 바탕화면의 배경 사진이 변경된 것을 확인할 수 있어요.

2 바탕화면의 색을 변경해요.

❶ [개인 설정] 탭의 [색]을 클릭해요.

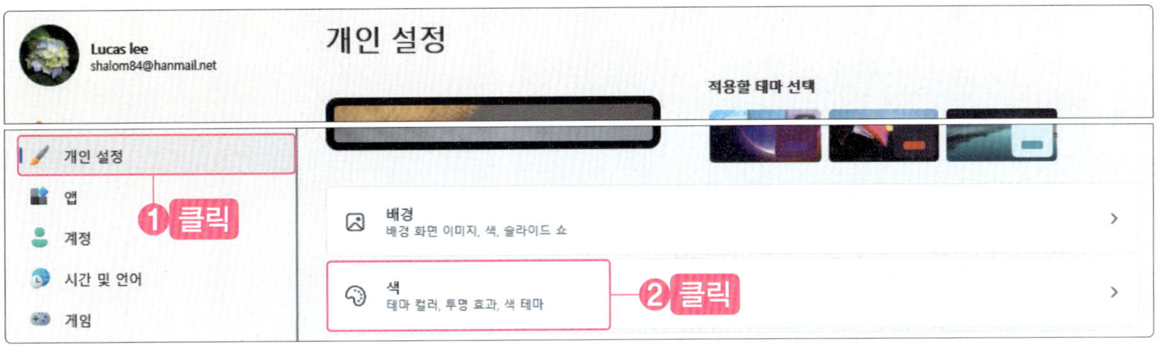

❷ [색] 설정에서 모드 선택(다크) 및 테마 컬러 색을 선택한 후 선택 사항이 모두 표시되도록 체크해요.

❸ 작업 표시줄 및 창이 모두 다크 모드(어두운 색)와 선택한 색상으로 변경된 것을 확인할 수 있어요.

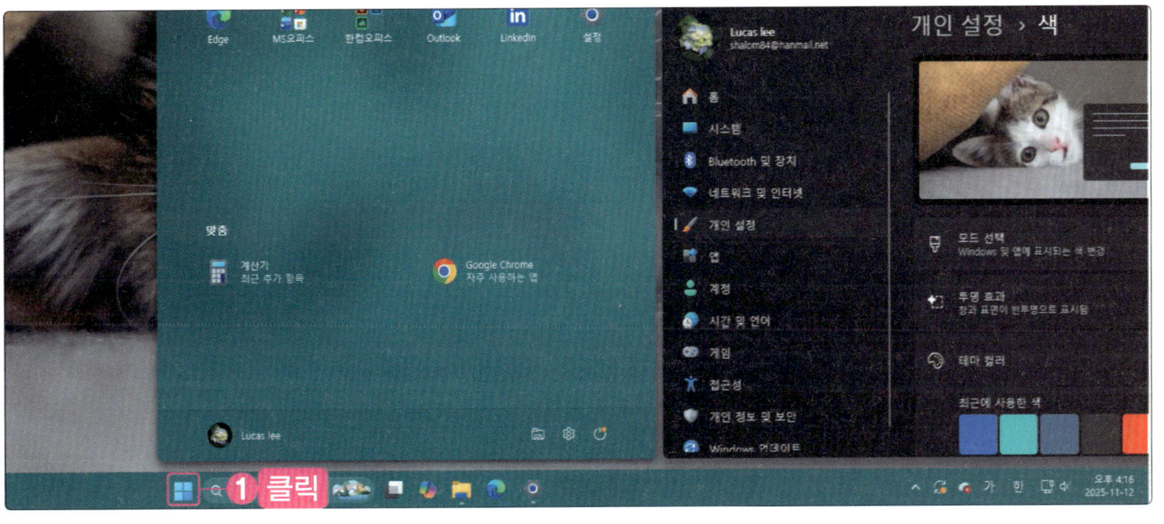

3 컴퓨터를 잠시 사용하지 않을 땐 화면 보호기를 실행해요.

❶ [개인 설정]-[잠금 화면]으로 이동한 후 [화면 보호기]를 클릭해요.

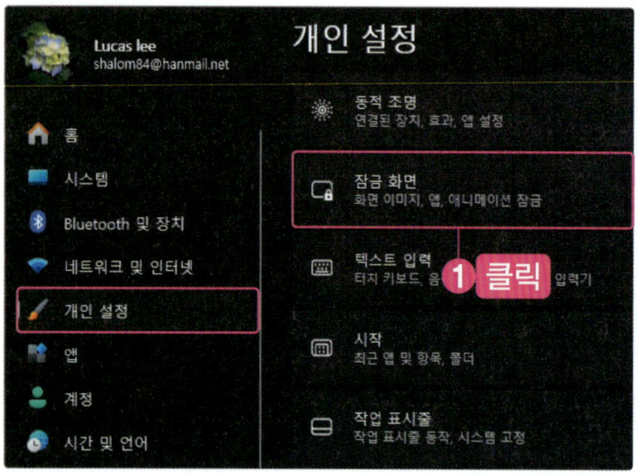

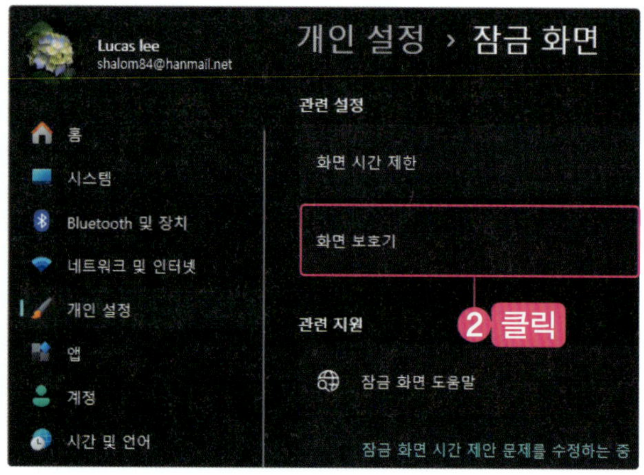

❷ [화면 보호기 설정] 대화상자가 나타나면 화면 보호기 설정 및 대기 시간을 설정해요.

↳ 화면 모호기(3차원 텍스트) 및 대기(1)를 수정, [설정]을 클릭한 후 텍스트 지정 및 동작을 임의로 설정

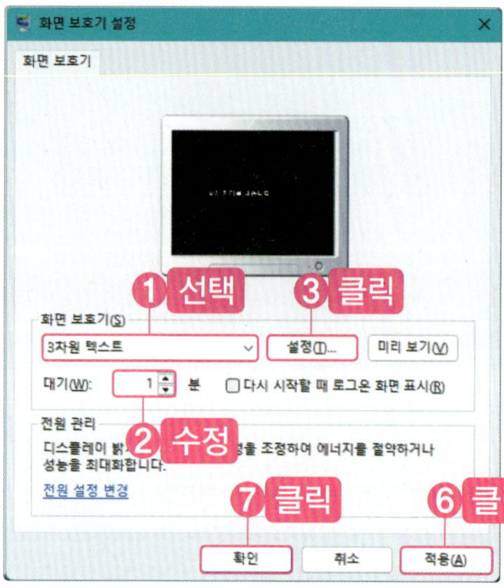

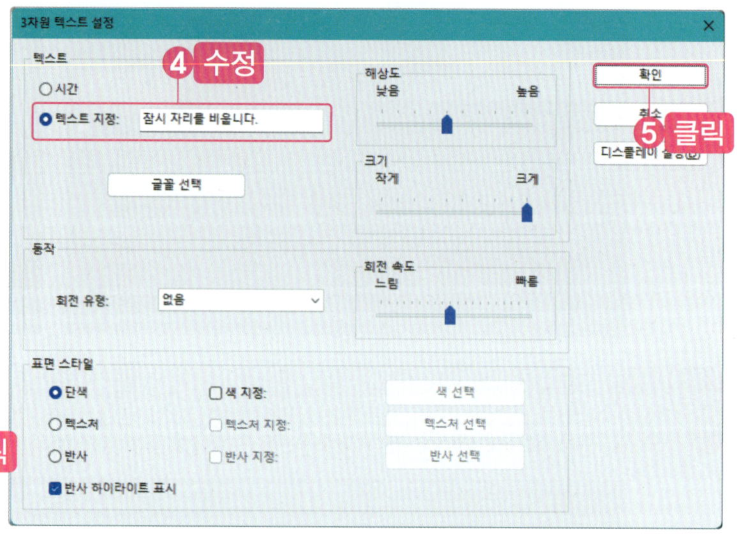

❸ 대기 시간(1분) 동안 컴퓨터를 사용하지 않을 때 자동으로 화면 보호기가 나타나요.

CHAPTER 05

톡톡 학습

AI 천재로 가는 길!

AI 챗봇으로 물어보기

Copilot **코파일럿 AI를 활용하여 아래의 내용을 미리 알아보아요!**

윈도우에서 바탕화면 테마를 지정하는 방법에 대해 설명해 주세요.

01 윈도우에서 제공하는 바탕화면 테마 중에서 원하는 테마를 선택하여 실행해 보세요.

02 윈도우의 바탕화면 배경을 임의의 단색으로 수정해 보세요.

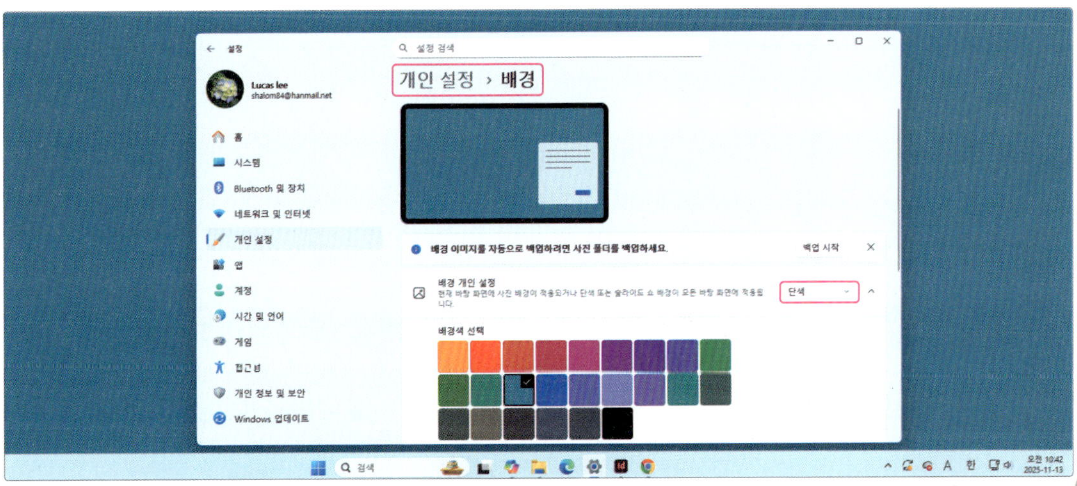

CHAPTER

06 파일 탐색기 너를 알고싶다!

학습 목표

- 파일 탐색기에 대해 알 수 있어요.
- 파일 탐색기의 보기 형식 및 정렬 방법을 알 수 있어요.

핵심 정리 배울 내용을 알아 보아요

파일 탐색기란 무엇인가요?

파일 탐색기란 컴퓨터 안에 있는 파일이나 폴더를 쉽게 찾을 수 있게 도와주는 도구에요.
마치 학교 책상의 서랍이나 가방 안 주머니 처럼 컴퓨터 안에 뭐가 어디에 있는지 보여주는 장치죠.
그림판에서 그림을 그리고 저장한 후 그 그림을 다시 보고 싶을 때 파일 탐색기를 열면 그림이 어디에 저장되어 있는지 쉽게 찾을 수 있어요.

AI 챗봇으로 물어보기

Copilot 코파일럿 AI를 활용하여 오늘 배울 내용을 미리 알아보아요!

파일 탐색기란 무엇인지 초등학생이 이해할 수 있도록 쉽게 설명해 주세요.

프롬프트 엔지니어를 위한 문해력 키우기

뜻맞히기 다른 사람을 생각하는 마음이 무엇인지 생각해 보세요.

아래 문장에 나타난 '배려'의 뜻은 무엇일까요?
'불편할 까 봐 자리를 바꿔 주었다'

자신만 생각하는마음	다른 사람의 마음을 이해하고 도와주는 마음
놀리는 마음	무시하는 마음

1 파일 탐색기를 실행해요

① 작업 표시줄의 [파일 탐색기( )]를 클릭하여 [파일 탐색기] 창을 열고 [내 PC]-[로컬 디스크 (C:)] 위치로 이동해요. [시작( )]-[모두]를 클릭한 후 [파일 탐색기]를 클릭해도 실행 가능해요.

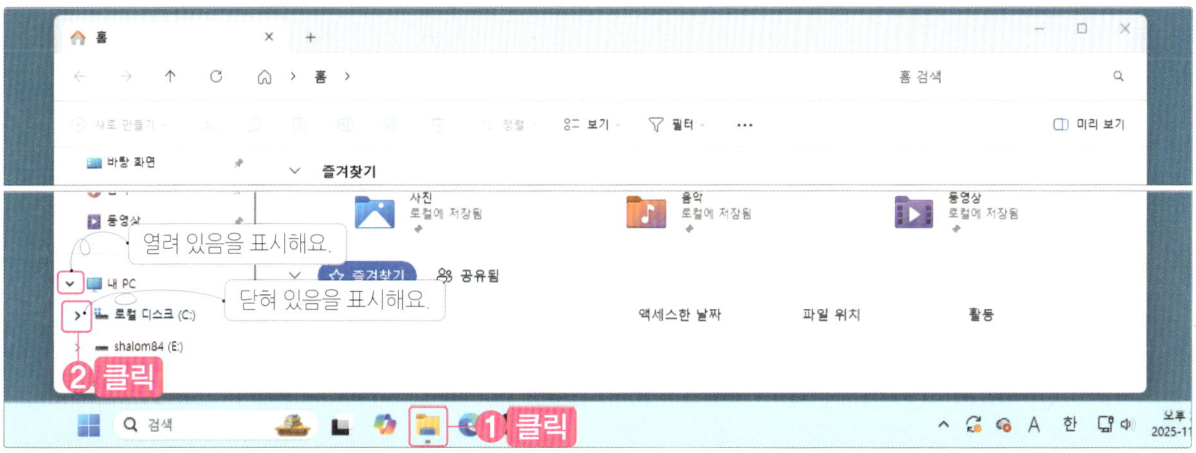

TIP
- 열기(›) : 닫혀 있는 장치 또는 폴더를 열어요.
- 닫기(⌄) : 열려 있는 장치 또는 폴더를 닫아요.

2 파일 탐색기의 폴더 이동 및 보기 형식을 변경해요.

❶ [로컬 디스크 (C:)] 드라이브의 [디지톡톡]-[윈도우11] 폴더로 이동 후 [6차시] 폴더를 더블클릭해요.

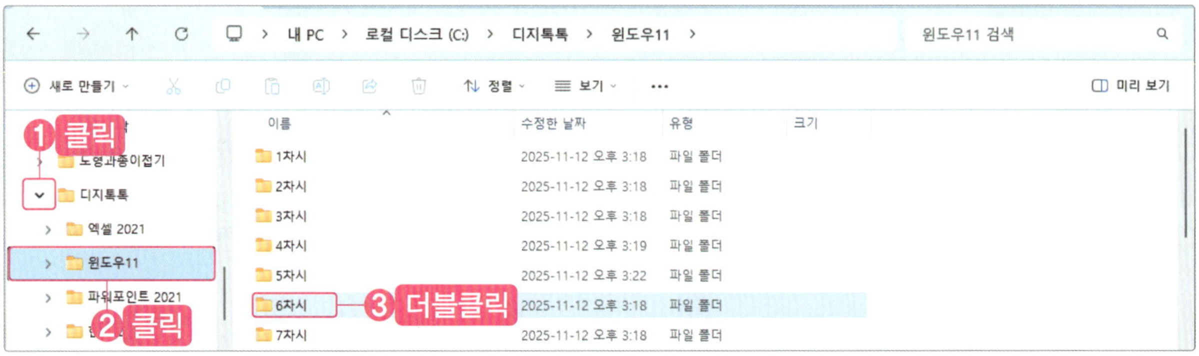

❷ [6차시] 폴더 내용의 보기 형식을 [큰 아이콘] 보기 형식으로 변경해요.

알고 넘어가요!

파일 탐색기의 보기 방식을 알아보자!

아주 큰 아이콘

큰 아이콘

보통 아이콘

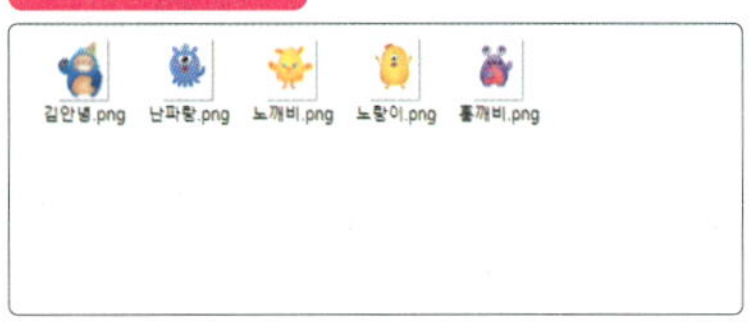

작은 아이콘

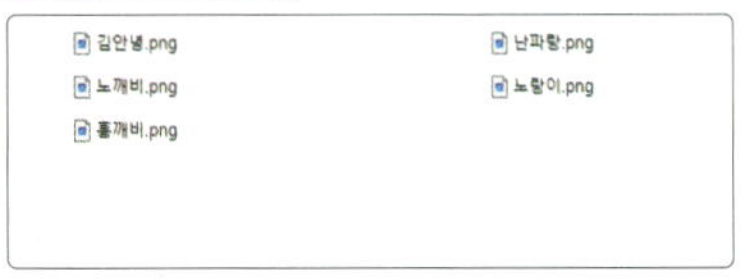

목록

자세히

3 파일의 확장명 표시/숨기기와 미리 보기로 확인해요.

❶ [보기]-[표시]-[파일 확장명]을 클릭하여 체크하면 확장명이 표시되고 체크 해제하면 숨겨져요.

알고 넘어가요!

파일의 꼬리표! 확장명을 알아보자!

- 컴퓨터에서 파일은 이름만 가지고는 어떤 종류인지 알수 없어요. 그래서 파일 이름 뒤에 붙는 특별한 꼬리표를 붙였죠. 그걸 확장명라고 해요.
- **사진** : 파일이름.png, 파일이름.jpg, 파일이름.tif, 파일이름.gif, 파일이름.bmp 등
- **문서** : 파일이름.txt, 파일이름.hwpx, 파일이름.docx, 파일이름.pdf, 파일이름.rtf 등
- **동영상** : 파일이름.mp4, 파일이름.avi, 파일이름.mov, 파일이름.mkv, 파일이름.wmv 등
- **소리** : 파일이름.mp3, 파일이름.wav, 파일이름.aac, 파일이름.ogg, 파일이름.wma 등

❷ 파일을 선택한 후 [미리 보기]를 클릭하면 해당 파일의 미리 보기를 표시 또는 숨길 수 있어요.

4 파일을 오름차순/내림차순으로 정렬해요.

❶ [보기]-[자세히]를 선택해요.

❷ [정렬]-[내림차순]을 선택하면 이름을 기준으로 내림차순으로 정렬돼요.

TIP

- **오름차순 정렬** : 크기가 작은 것부터 큰 순서로 나열해요.
- **내림차순 정렬** : 크기가 큰 것부터 작은 것 순서로 나열해요.

알고 넘어가요!

파일 탐색기의 검색 창을 이용하여 파일을 찾아볼까요?

- 파일 탐색기에서 돋보기 모양의 검색창은 파일을 찾을 때 사용하는 마법상자와 같아요.
- 검색 창에서 찾고자 하는 파일의 이름을 입력하면 파일 탐색기가 알아서 척척 찾아줘요.

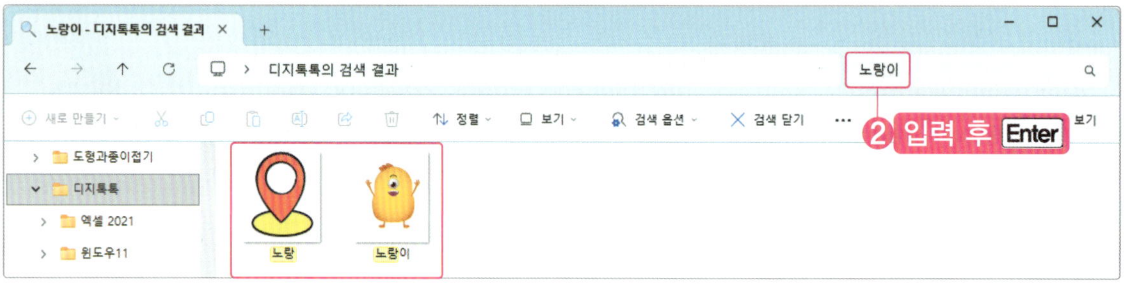

CHAPTER 06

톡톡 학습

AI 천재로 가는 길!

AI 챗봇으로 물어보기

Copilot 코파일럿 AI를 활용하여 아래의 내용을 미리 알아보아요!

윈도우에서 떨어져 있는 파일 선택과 연속된 파일의 선택 방법을 설명해 주세요.

01 연속된 파일인 '김안녕', '난파랑', '노깨비', '노랑이' 파일을 선택해 보세요.

'김안녕' 파일을 선택한 후 키보드의 Shift를 누른 상태에서 '노랑이' 파일을 클릭

02 '난파랑' 파일과 '홍깨비' 파일을 선택해 보세요.

'난파랑' 파일을 선택한 후 키보드의 Ctrl을 누른 상태에서 '홍깨비' 파일을 클릭

CHAPTER 07

파일과 폴더를 알아보자!

학습 목표

- 파일과 폴더에 대해 알 수 있어요.
- 새 폴더를 만드는 방법에 대해 알 수 있어요.

핵심 정리 배울 내용을 알아 보아요

폴더란 무엇인가요?

폴더란 여러 개의 파일을 정리해 두는 파일 상자예요.
여러 개의 파일을 한곳에 모아서 깔끔하게 보관할 수 있어요.
예를 들어, "학교 숙제 폴더" 안에 국어 숙제, 수학 숙제, 그림 숙제 파일을 넣어둘 수 있어요.

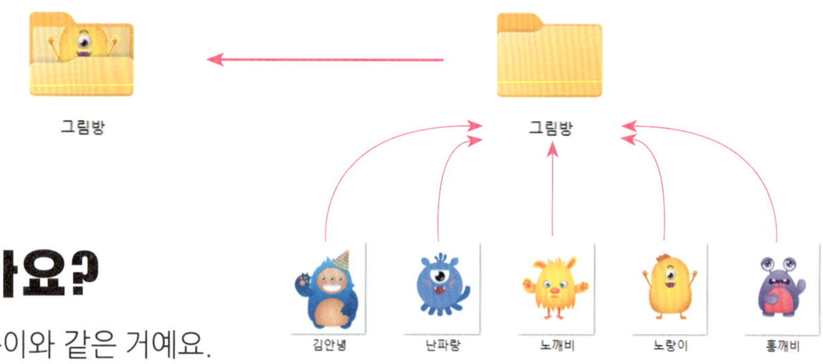

파일이란 무엇인가요?

파일이란 컴퓨터 안에 있는 종이와 같은 거예요.
이 종이에는 그림을 그릴 수도 있고, 글이 있을 수도 있고 음악이 있을 수도 있어요.
예를 들어, 그림을 그리면 "그림 파일", 이야기를 적으면 "글 파일"이 생겨요.

AI 챗봇으로 물어보기

Copilot **코파일럿 AI를 활용하여 오늘 배울 내용을 미리 알아보아요!**

파일과 폴더를 초등학생이 이해할 수 있도록 쉽게 설명해 주세요.

프롬프트 엔지니어를 위한 문해력 키우기

문맥 속 단어고르기 빌릴 때 해야 하는 말을 생각해 보세요.

'지훈이는 친구의 연필을 빌리면서 ________ 말했다.'
이 때, 밑줄에 들어갈 알맞은 말은 무엇일까요?

아무 말 없이	고맙다고
화를 내며	억지로

1 폴더를 열어보아요

❶ [7차시] 폴더를 열고 [큰 아이콘] 보기 형식으로 폴더 안에 있는 파일들을 확인해 보아요.

↳ [보기]-[큰 아이콘]을 클릭하면 아이콘 보기 형식을 큰 아이콘 보기 형식으로 수정할 수 있어요.

2 새로운 폴더를 만들어요.

❶ [7차시] 폴더 위치에서 새 폴더를 만들기 위해 [새로 만들기]-[폴더]를 선택해요.

❷ 새 폴더가 만들어지면 폴더 이름이 블록 지정된 상태에서 '바다'를 입력하여 이름을 변경한 후 Enter를 눌러요.

❸ 같은 방법으로 그림과 같이 [고양이], [토끼] 이름으로 폴더를 만들어요.

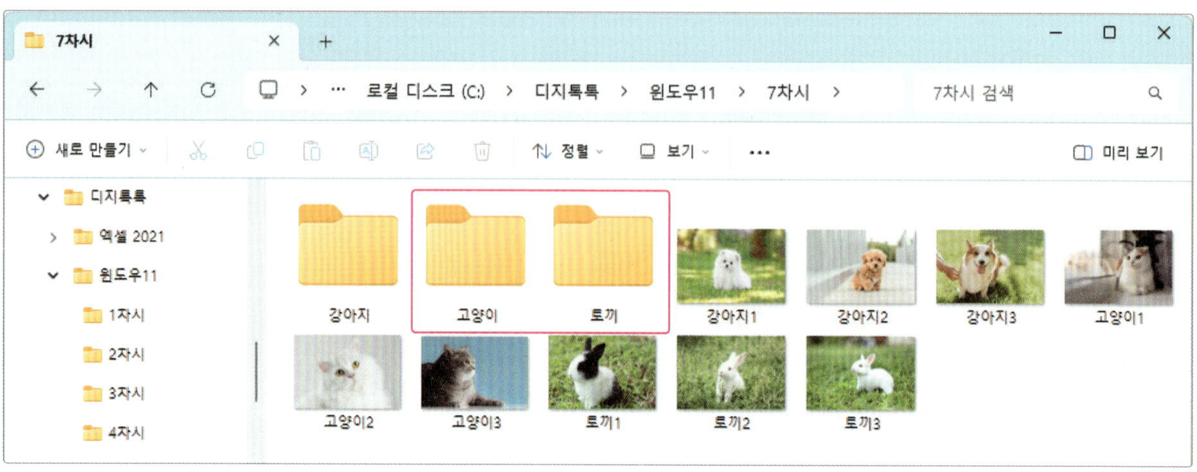

3 파일을 이동하여 폴더 안에 담아요.

① '강아지1' 그림 파일을 [강아지] 폴더로 드래그하여 이동해요.

② '강아지2'와 '강아지3' 그림 파일도 [강아지] 폴더로 이동해요.

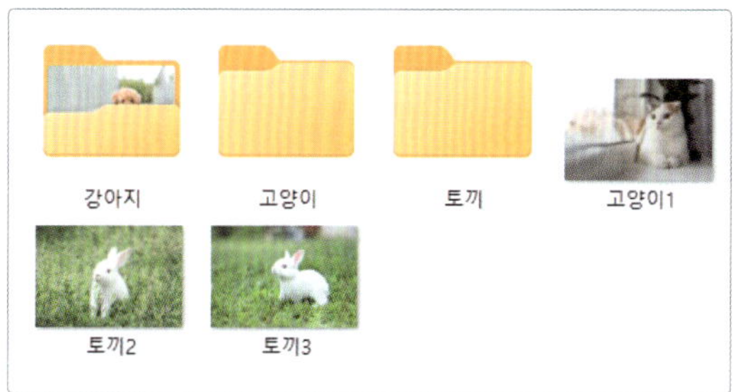

③ 같은 방법으로 [고양이]와 [토끼] 폴더 이름에 알맞은 파일을 폴더 안으로 이동해요.

TIP

고양이 파일을 한꺼번에 이동해요.

'고양이1' 파일을 선택한 후 키보드의 Shift를 누른 상태에서 '고양이3' 파일을 클릭하면 연속된 여러 개의 파일을 선택할 수 있으며, 원하는 폴더로 드래그하면 빠르게 이동할 수 있어요.

❹ 파일 탐색기의 왼쪽 폴더 목록에서 [7차시] 폴더 안에 있는 [강아지], [고양이], [토끼] 폴더를 각각 클릭하여 잘 이동했는지 확인해 보아요.

알고 넘어가요!

뒤로 이동하기와 위로 이동하기

- **뒤로(←) 이동하기** : 이동하기 이전의 위치로 돌아갈 수 있어요.

- **위로(↑) 이동하기** : 현재 폴더의 상위 폴더로 이동할 수 있어요.

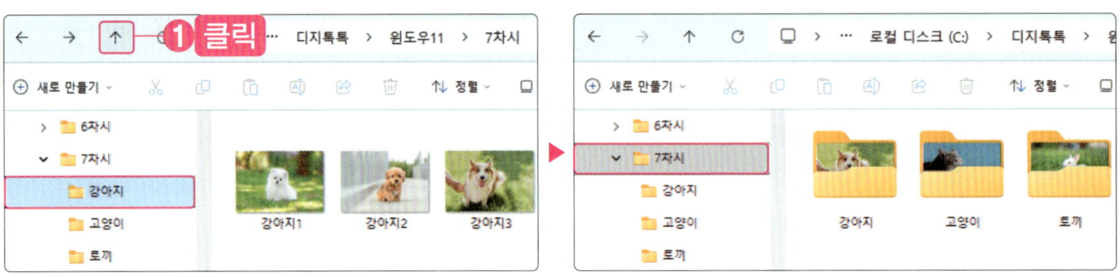

CHAPTER 07

톡톡 학습

AI 천재로 가는 길!

AI 챗봇으로 물어보기

Copilot 코파일럿 AI를 활용하여 아래의 내용을 미리 알아보아요!

윈도우에서 폴더의 삭제 방법을 초등학생이 이해할 수 있도록 설명해 주세요.

01 [강아지], [고양이], [토끼] 폴더 안에 있는 파일들을 모두 [7차시] 폴더로 이동해 보세요.

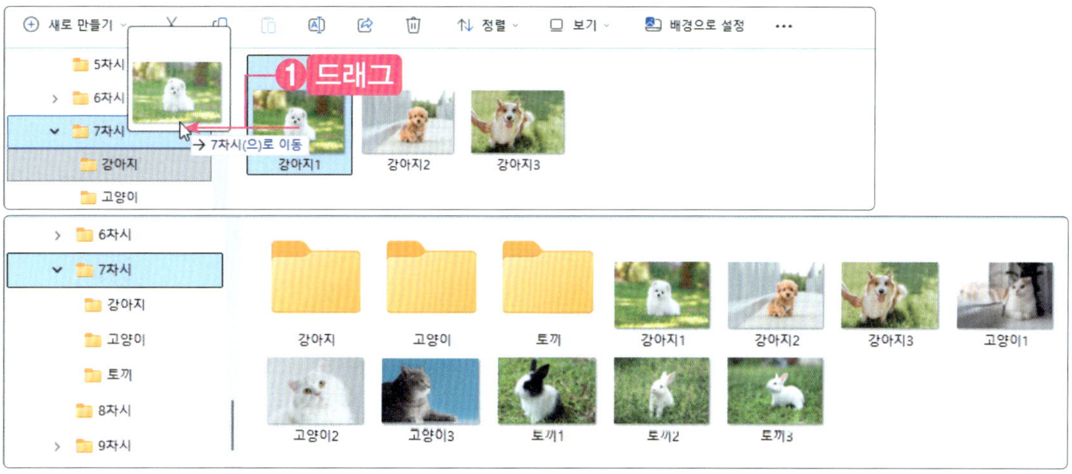

02 [강아지], [고양이], [토끼] 폴더를 삭제해 보세요.

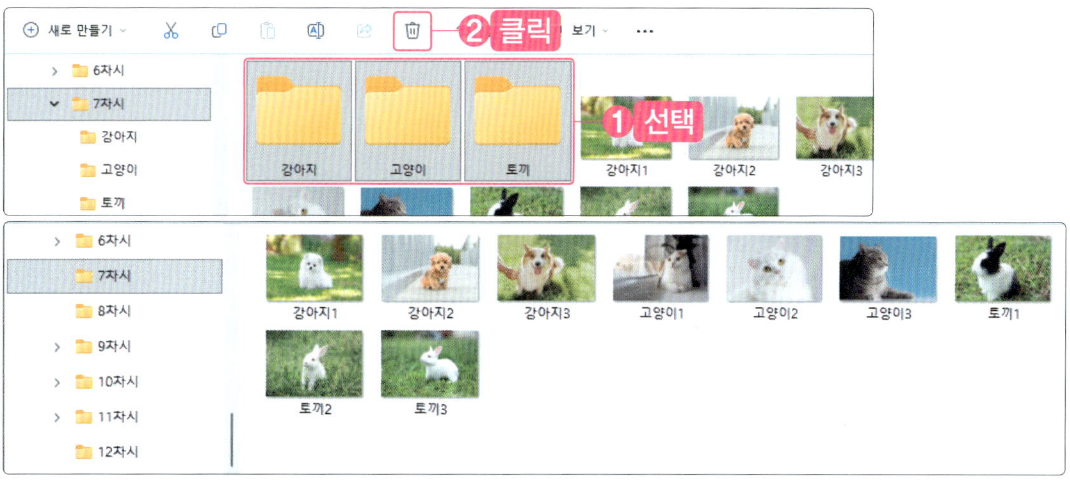

CHAPTER 08

복사와 이동을 알아보자!

학습 목표

- 파일의 복사 및 이동 방법을 알 수 있어요.
- 파일의 삭제 및 휴지통 비우기 방법을 알 수 있어요.

핵심 정리 배울 내용을 알아 보아요

복사란 무엇인가요?

복사란 파일이나 폴더를 똑같이 하나 더 만드는 것을 말해요.
복사한 파일을 원하는 위치에 똑같이 만들기 위해서는 꼭 붙여넣기를 해야해요.
컴퓨터에서는 '복사하기'와 '붙여넣기'라는 용어를 사용해요.

이동이란 무엇인가요?

이동이란 원래 있던 곳에서 사라지고 새로운 곳으로 옮겨지는 것을 말해요.
이동한 파일을 원하는 위치로 옮기기 위해서는 꼭 붙여넣기를 해야해요.
컴퓨터에서는 '잘라내기'와 '붙여넣기'라는 용어를 사용해요.

AI 챗봇으로 물어보기

Copilot **코파일럿 AI를 활용하여 오늘 배울 내용을 미리 알아보아요!**

복사와 이동을 초등학생이 이해할 수 있도록 쉽게 설명해 주세요.

프롬프트 엔지니어를 위한 문해력 키우기

유사·반대어 찾기 겁내지 않는 모습을 생각해 보세요.

'용감하다'와 비슷한말은 무엇일까요?

소심하다	겁이 많다
씩씩하다	무섭다

1 파일을 복사해요

① [8차시] 폴더를 열고 동물 폴더를 제외한 나머지 파일을 선택한 후 [복사(⧉)]를 클릭해요.

TIP

복사하기와 잘라내기, 붙여넣기를 알아보자!

- **복사하기** : 단축키(Ctrl+C) 또는 도구 모음의 복사(⧉), 바로 가기 메뉴의 [복사]를 눌러요.
- **잘라내기** : 단축키(Ctrl+X) 또는 도구 모음의 잘라내기(✂), 바로 가기 메뉴의 [잘라내기]를 눌러요.
- **붙여넣기** : 원하는 위치에서 단축키(Ctrl+V) 또는 도구 모음의 붙여넣기(📋), 바로 가기 메뉴의 [삭제]를 눌러요.

❷ [동물] 폴더로 이동한 후 도구 모음의 [붙여넣기(📋)]를 클릭해요.

❸ [8차시] 폴더와 [동물] 폴더에 선택한 파일이 모두 복사되어 있는 것을 확인할 수 있어요.

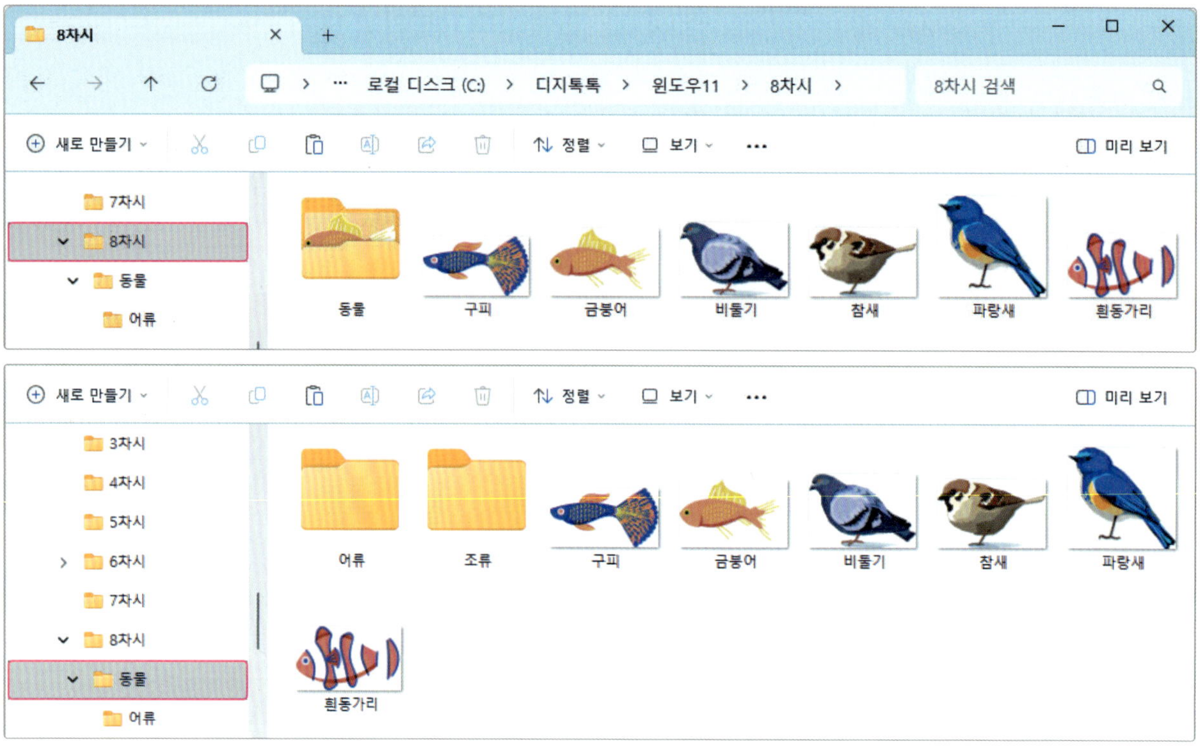

알고 넘어가요!

키보드의 Ctrl 키를 누르고 드래그하면 어떻게 될까요?

파일을 키보드의 Ctrl 키를 누르고 드래그하면 해당 파일이 드래그한 위치에 복사돼요.

2 파일을 이동해요.

❶ [동물] 폴더의 '구피', '금붕어', '흰동가리' 파일을 선택한 후 [잘라내기(✂)]를 클릭해요.

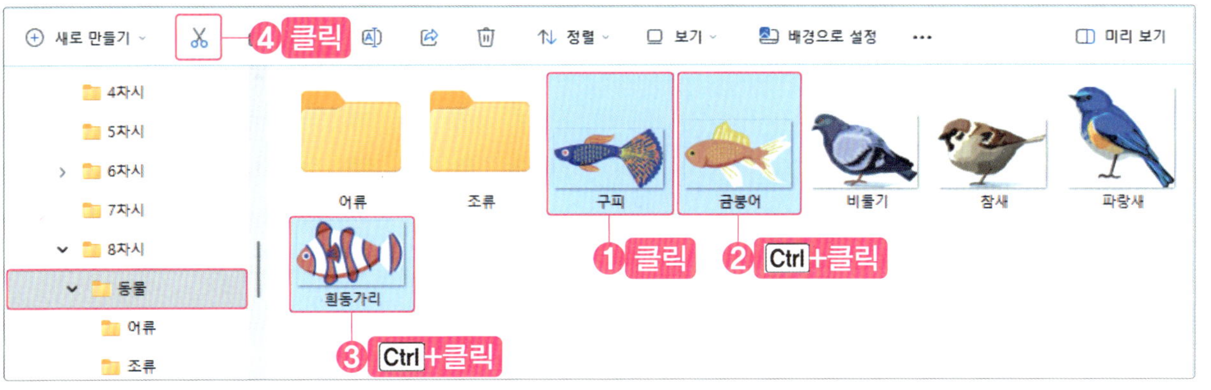

❷ [어류] 폴더로 이동한 후 도구 모음의 [붙여넣기(📋)]를 클릭하면 선택한 파일이 이동된 것을 확인할 수 있어요.

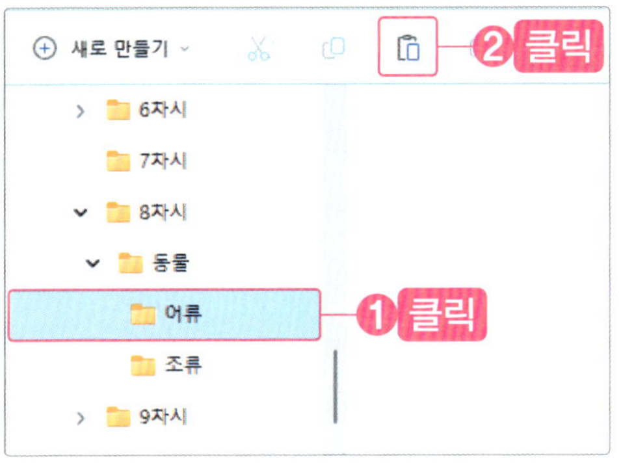

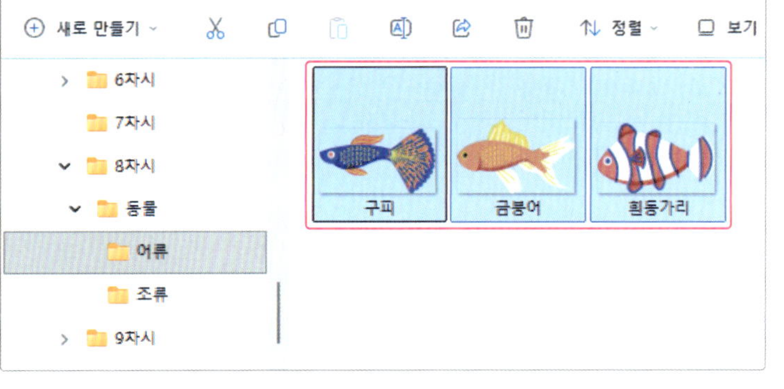

알고 넘어가요!

파일을 마우스로 드래그하면 어떻게 될까요?

파일을 선택한 후 원하는 위치로 드래그하면 해당 파일이 드래그한 위치로 이동돼요.

3 파일을 삭제하고 휴지통을 비워요.

❶ [어류] 폴더에서 삭제할 파일(구피, 금붕어, 흰동가리)를 선택한 후 도구 모음의 [삭제( )]를 클릭해요.

❷ [파일 탐색기] 창의 최소화(–)를 클릭한 후 바탕화면의 [휴지통( )] 아이콘을 더블클릭해요.

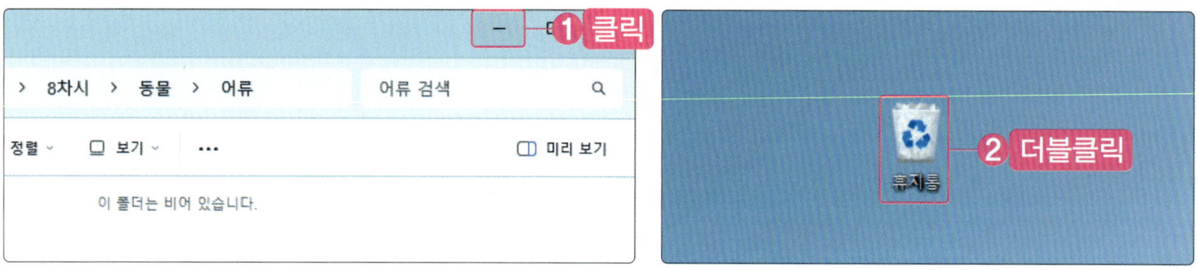

❸ [휴지통] 창이 나타나면 휴지통을 비우기 위해 [휴지통 비우기]를 클릭해요.

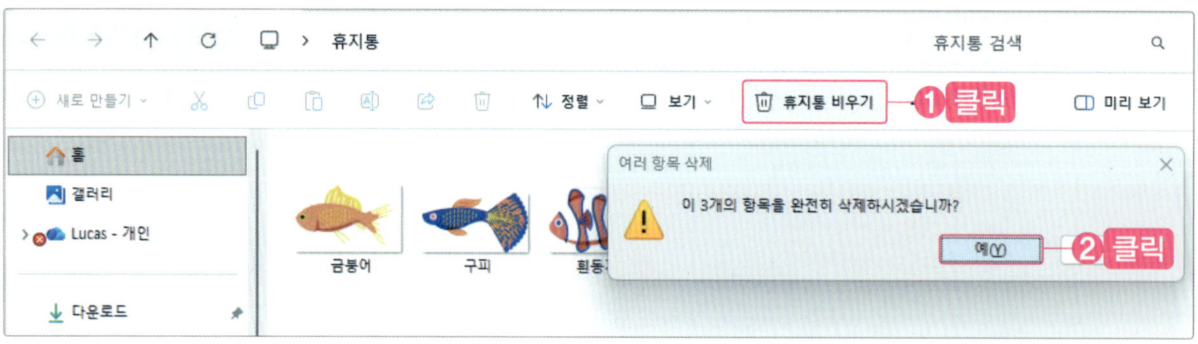

알고 넘어가요!

삭제를 잘못해서 필요한 파일이 휴지통에 들어갔어요. 어떻게 하죠?

휴지통에 들어간 파일 중에서 필요한 파일은 선택한 후 [선택한 항목 복원]을 클릭하거나 마우스 오른쪽 단추를 눌러 [복원]을 클릭하면 파일의 마지막 위치로 이동(복원)해요.

CHAPTER 08

톡톡 학습

AI 천재로 가는 길!

AI 챗봇으로 물어보기

Copilot 코파일럿 AI를 활용하여 아래의 내용을 미리 알아보아요!

윈도우에서 삭제하여 휴지통에 보관된 파일을 복구하는 방법에 대해 쉽게 설명해 주세요.

01 [8차시]-[동물] 폴더의 그림 파일들을 모두 삭제한 후 휴지통 비우기를 실행해 보세요.

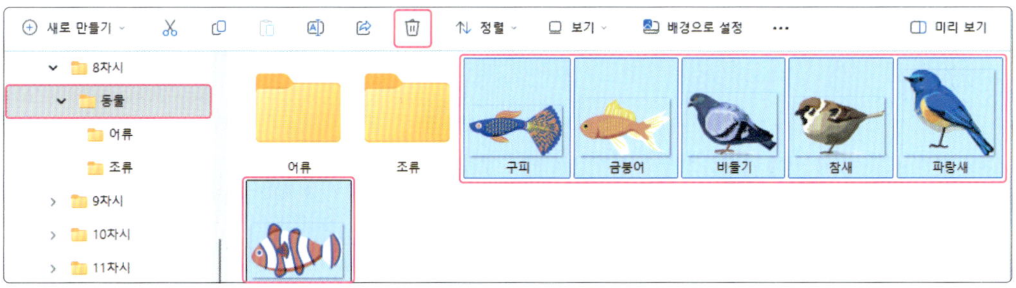

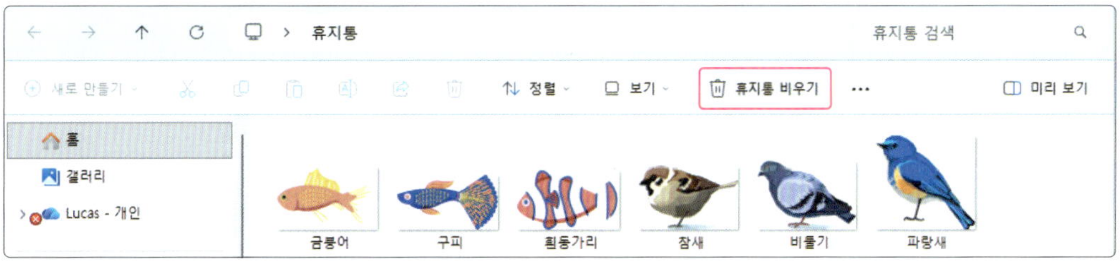

02 [동물] 폴더를 삭제한 후 휴지통에서 원래의 위치로 복원해 보세요.

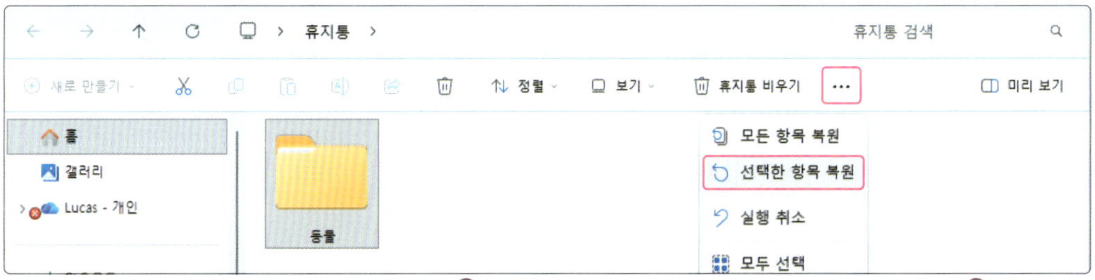

CHAPTER 09

그림판을 알아보자!

학습 목표

- 그림판의 사용 방법을 알 수 있어요.
- 그림판의 레이어 추가 및 배경 제거 방법을 알 수 있어요.

핵심 정리 배울 내용을 알아 보아요

그림판이란 무엇인가요?

그림판이란 컴퓨터에서 그림을 그릴 수 있는 디지털 색칠공부장 같은 프로그램이에요.
마우스로 선을 그리고, 색을 칠하고, 글씨도 넣을 수 있어요.

윈도우11에서 그림판의 새로운 기능은 무엇인가요?

- **생성형 AI** : 텍스트 프롬프트를 입력하면 AI가 그림을 자동으로 생성해 줘요.
- **배경 제거** : 클릭 한 번으로 사진 속 배경을 지우고 피사체만 남길 수 있어요.
- **레이어(Layers) 지원** : 포토샵처럼 여러 겹의 투명한 레이어를 쌓아 작업할 수 있어요.
- **프로젝트 파일(.paint) 저장** : 작업 중인 그림을 프로젝트 파일로 저장해 나중에 다시 열어 이어서 편집할 수 있어요.

AI 챗봇으로 물어보기

Copilot **코파일럿 AI를 활용하여 오늘 배울 내용을 미리 알아보아요!**

그림판에서 레이어의 정의 및 사용법에 대해 초등학생이 이해하기 쉽게 설명해 주세요.

프롬프트 엔지니어를 위한 문해력 키우기

올바른 용어 사용 말을 자연스럽고 부드럽게 읽어 보세요.

아래 문장의 잘못된 표현을 바르게 고친 것은 무엇일까요?
'어제 너무 피곤해서 일찍 자려고 했었다.'

- 했었다 → 했다
- 피곤해서 → 상쾌해서
- 일찍 → 나중에
- 자려고 → 자지 않으려고

1 그림판을 실행하고 그림을 불러와요.

❶ [시작(⊞)]-[그림판]을 클릭하여 [그림판] 창이 열리면 그림 파일을 불러와요.

↳ [열기] 대화상자에서 [9차시]-[불러올 파일] 폴더의 [공원] 파일을 선택한 후 [열기]를 클릭해요.

2 생성형 지우기로 배경을 유지하면서 필요 없는 부분을 지워요.

❶ 배경 그림에서 필요 없는 부분을 지우기 위해 도구 모음의 [Copilot( )]-[생성형 지우기]를 클릭해요.

TIP

생성형 지우기란 무엇인가요?

생성형 지우기는 그림판에 추가된 AI 기능으로, 사진 속 원치 않는 개체를 지우고 그 자리를 주변 배경과 자연스럽게 채워 넣어 마치 원래 없었던 것처럼 보이게 하는 도구에요.

❷ 왼쪽 크기 도구에서 지우개의 크기(40)를 수정한 후 지울 부분을 드래그한 다음 [적용]을 클릭해요.

3 레이어를 추가하고 캔버스에 그림을 가져와요.

1. 도구 모음의 [레이어(◈)]를 클릭한 후 [레이어 추가(⊕)]를 클릭하여 새로운 레이어를 추가해요.

2. [파일]-[캔버스로 가져오기]-[파일에서]를 클릭한 후 삽입할 그림 파일을 새로운 레이어에 불러와요.

↳ [열기] 대화상자에서 [9차시]-[불러올 파일] 폴더의 [강아지] 파일을 선택한 후 [열기]를 클릭해요.

TIP

레이어란 무엇인가요?

- 레이어는 투명한 종이 여러장을 겹쳐서 그림을 그리는 것과 같아요.
- 맨 아래 종이에 배경을, 그 위 종이에 캐릭터를 그리고 또 다른 종이에 글자를 쓰고 모두 합쳐 보면 하나의 그림처럼 보이죠.
- 레이어를 사용하면 따로 따로 수정이 편하고 순서를 자유롭게 바꿀 수 있어요. 또 지우기도 편하죠.

4 그림의 배경을 지우고 크기를 수정해요.

① 삽입한 그림의 배경을 지우기 위해 도구 모음의 [Copilot()]-[배경 제거]를 클릭해요.

② 그림의 배경이 제거되면 [선택(⬚)]을 클릭한 후 강아지를 드래그한 후 크기 조절 및 이동해요.

CHAPTER 09

톡톡 학습

AI 천재로 가는 길!

AI 챗봇으로 물어보기

Copilot 코파일럿 AI를 활용하여 아래의 내용을 미리 알아보아요!

윈도우 그림판에서 프로젝트 파일로 저장하는 방법에 대해 쉽게 설명해 주세요.

01 [9차시]-[불러올 파일] 폴더에서 고양이와 배경 그림을 이용하여 아래 그림을 만들어 보세요.

배경 그림의 빨간 버섯 모양을 지우고 고양이 그림을 합성한 후 배경을 제거해요.

CHAPTER 10

메모장을 알아보자!

학습 목표

- 메모장의 사용 방법을 알 수 있어요.
- 메모장의 링크 연결 및 이모지 입력 방법을 알 수 있어요.

핵심 정리 배울 내용을 알아 보아요

메모장이란 무엇인가요?

메모장이란 컴퓨터 안에 있는 공책 같은 거예요.
종이에 글씨를 쓰듯이 컴퓨터에서는 메모장에 글을 쓸 수 있어요.
메모장은 글을 쓰고 간단한 편집 기능으로 편집할 수 있으며, 저장도 할 수 있어요.

메모장의 편리한 점은 무엇인가요?

- **빠르고 쉬워요 :** 복잡한 기능 없이 바로 글을 쓸 수 있어요.
- **가볍고 작아요 :** 컴퓨터에 부담을 주지 않아요.
- **모든 컴퓨터에 있어요 :** 윈도우 컴퓨터에는 기본으로 들어 있어요.

AI 챗봇으로 물어보기

Copilot 코파일럿 AI를 활용하여 오늘 배울 내용을 미리 알아보아요!

윈도우에서 메모장의 사용법에 대해 초등학생이 이해하기 쉽게 설명해 주세요.

프롬프트 엔지니어를 위한 문해력 키우기

사고력 확장 어떤 일을 잘 해낼 수 있는 능력을 생각해 보세요.

'수빈이는 그림을 그리는 데 재능이 있다.'
이 때, 재능을 뜻하는 것은 무엇일까요?

- 하기 싫은 일
- 특별히 잘하는 능력
- 부족한 부분
- 배워야 하는 일

1 메모장을 실행하고 글꼴 및 크기를 수정해요.

① [시작( )]-[메모장]을 클릭하여 [메모장] 창을 열어요.
글꼴 및 크기를 수정하기 위해 [설정( )]을 클릭한 후 글꼴(맑은 고딕) 및 크기(20) 등을 수정해요.

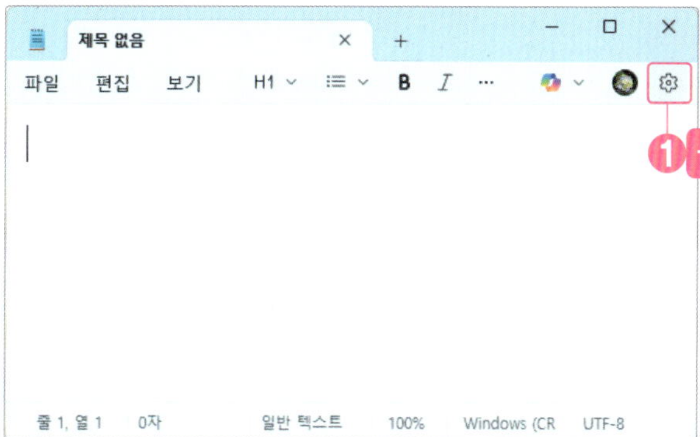

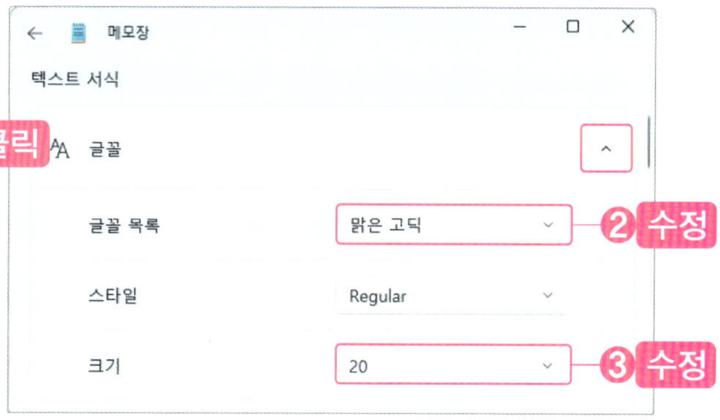

TIP

[메모장] 창의 크기에 맞추어 자동으로 줄 바꾸기

[보기]-[자동 줄 바꿈]을 클릭하여 체크 표시하면 창의 크기에 맞추어 텍스트 내용이 자동으로 줄 바꿈이 돼요.

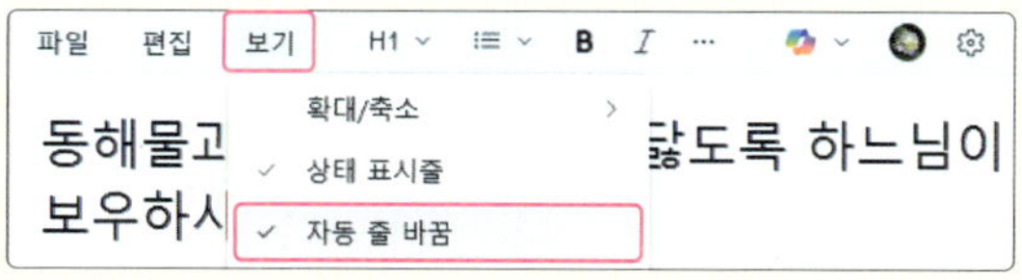

2 메모장에 한자를 입력해요.

❶ 메모장에 "대한민국"을 입력한 후 키보드의 [한자]를 눌러요.
한자 목록이 표시되면 원하는 한자(大韓民國)를 클릭해요.

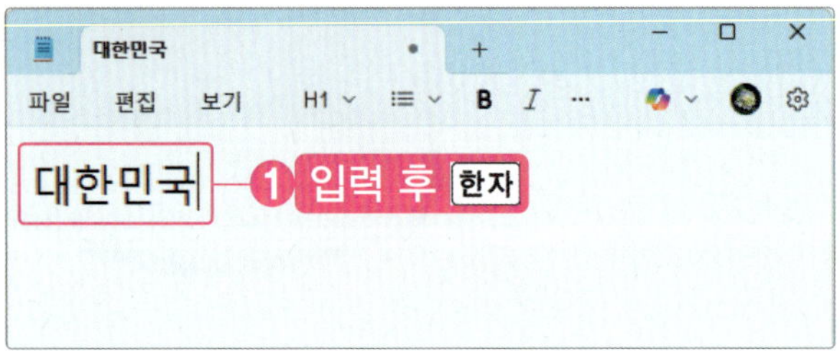

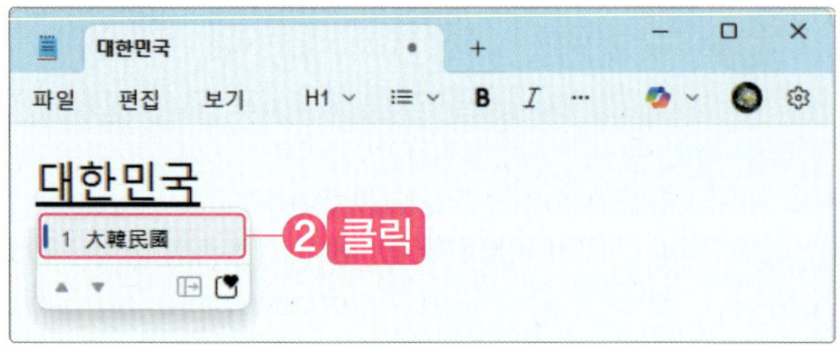

❷ 입력한 한글(대한민국)이 한자(大韓民國)로 바껴요. 같은 방법으로 본인의 이름을 한자로 바꾸어 보아요.

↳ 본인의 이름(예:홍길동)은 단어로 등록되어 있지 않아 한 글자씩 한글로 입력한 후 한자로 바꾸어야 해요.

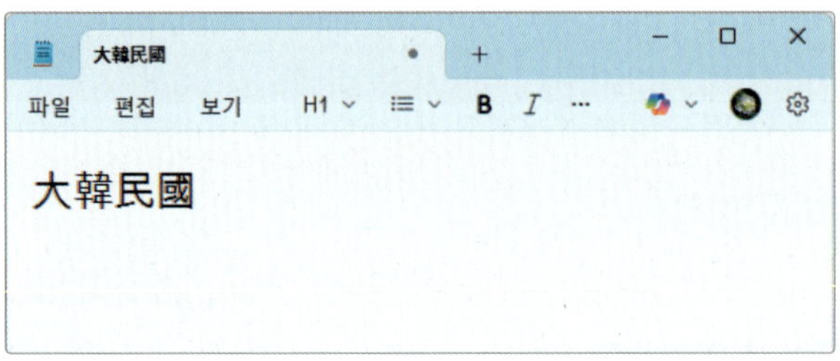

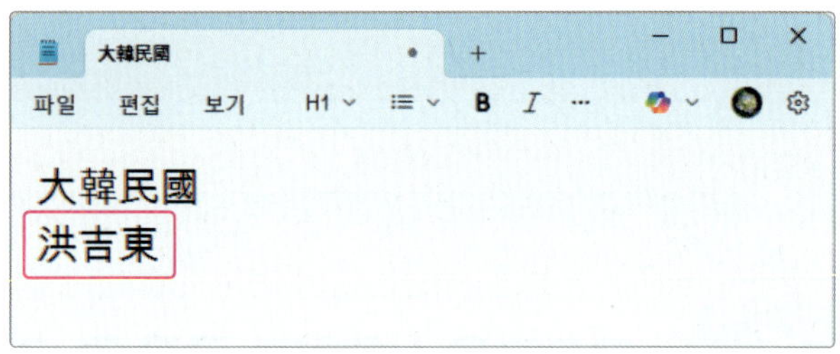

알고 넘어가요!

글머리에 숫자 번호 표시 방법을 알아볼까요?

❶ 메모장에서 글머리에 숫자 번호를 표시할 문장을 드래그하여 블록 지정해요.

❷ 도구 상자의 목록(☰ ⌄)을 클릭한 후 [번호 매기기 목록]을 선택하면 번호 매기기가 지정돼요.

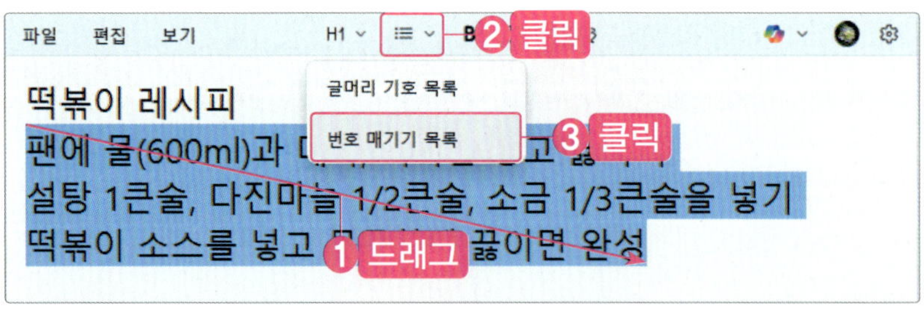

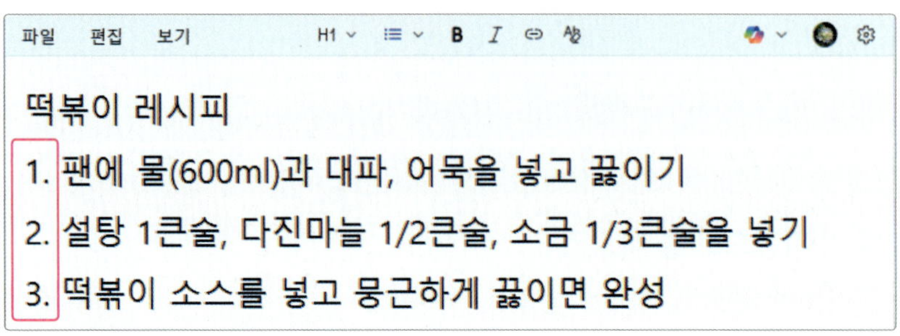

3 메모를 입력하고 인터넷과 연결해요.

❶ 메모장에 “K마블 타자연습”을 입력하고 드래그하여 블록 지정한 후 [연결()]을 클릭해요. [링크] 대화상자에서 주소(http://www.kmabl.co.kr)를 입력하고 [삽입]을 클릭해요.

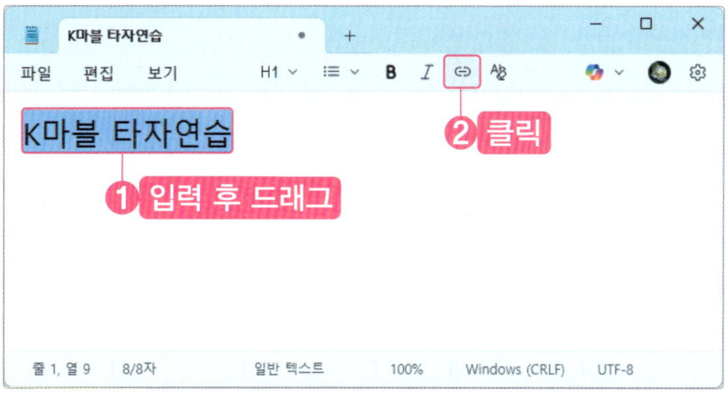

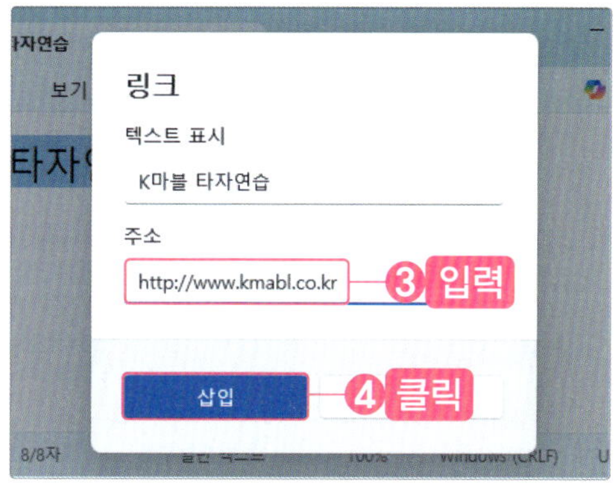

❷ 입력한 단어(K마블 타자연습)에 파란색 밑줄이 표시되면 키보드의 Ctrl을 누르고 클릭해요. 인터넷이 실행되면서 K마블 홈페이지가 연결돼요.

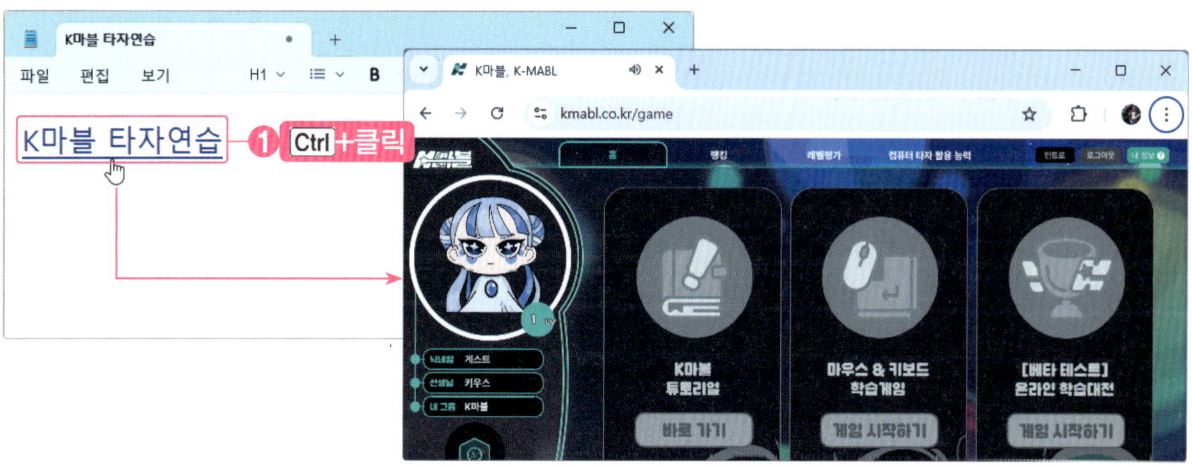

TIP

링크 연결을 해제하려면 어떻게 해야 할까요?

링크 연결을 지우려면 연결된 단어를 블록 지정한 후 [서식 지우기()]를 클릭해요.

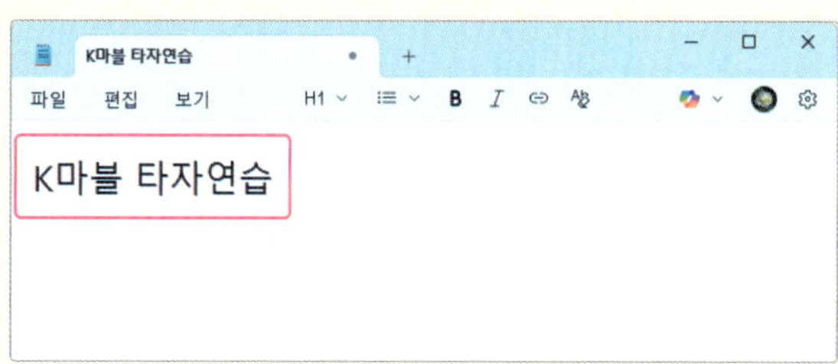

4 메모장에 이모지를 입력해요.

❶ 메모장에서 “ㅁ”을 입력한 후 키보드의 [한자]를 누르고 특수 문자 목록이 표시되면 이모지(🗨)를 클릭해요.

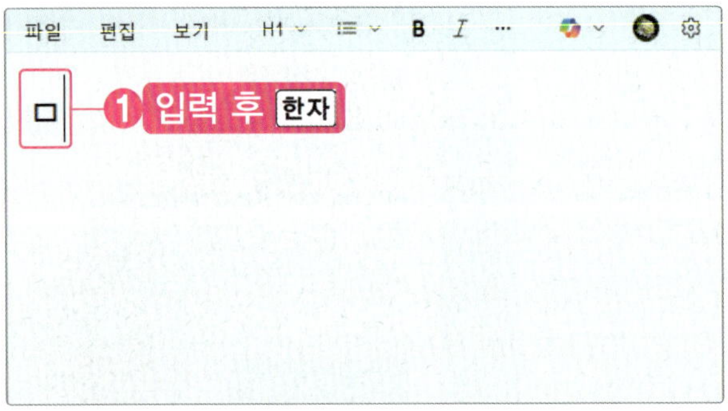

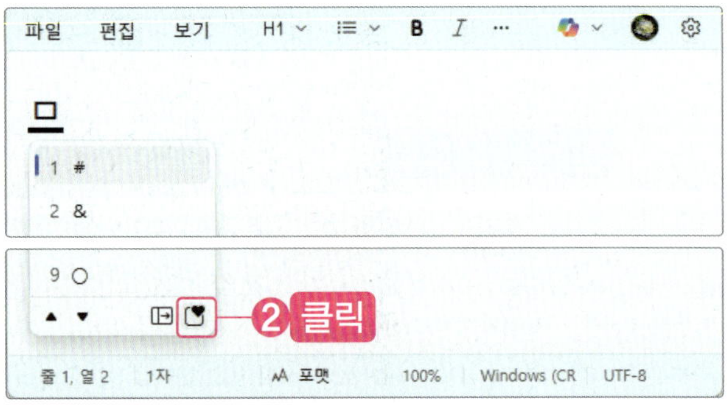

❷ [이모지 등] 대화상자에서 [Kaomoji] 항목의 원하는 이모지 모양을 클릭해요.

↳ [Kaomoji] 항목의 [더 보기(>)]를 클릭 후 원하는 이모지 모양을 클릭해요.

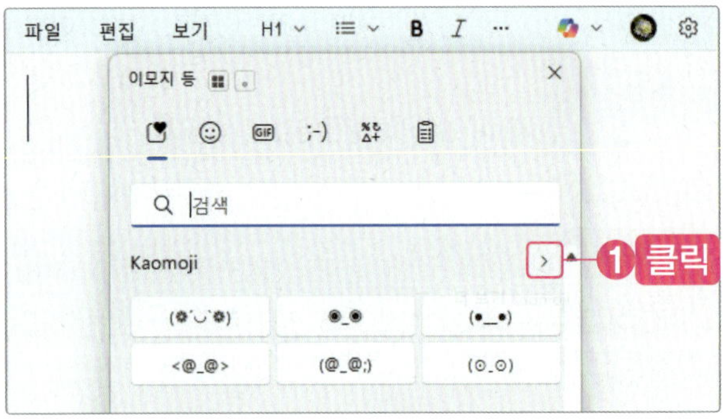

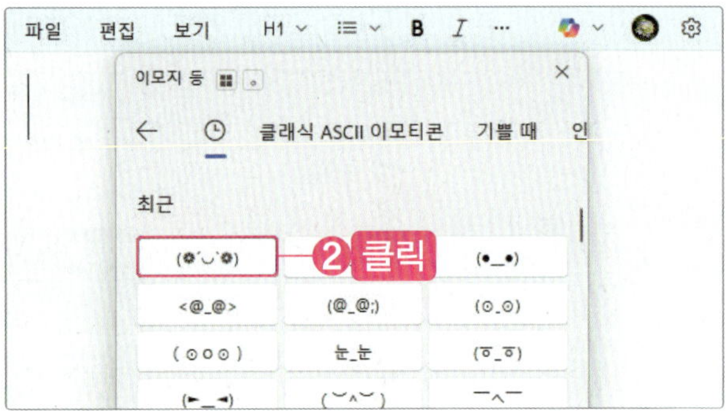

❸ 선택한 이모지 모양이 메모장에 표시돼요. 같은 방법으로 좋아하는 이모지 모양을 만들어 보아요.

CHAPTER 10

톡톡 학습

AI 천재로 가는 길!

AI 챗봇으로 물어보기

Copilot 코파일럿 AI를 활용하여 아래의 내용을 미리 알아보아요!

이모지란 무엇인지 초등학생이 이해할 수 있도록 쉽게 설명해 주세요.

01 메모장에서 이모지를 이용하여 좋아하는 이모지 모음을 만들어 보아요.

↳ [Kaomoji] 항목의 [더 보기(>)]를 클릭하면 더 많은 이모지 모양을 확인할 수 있어요.

이모지 모음

파일 편집 보기

이모지 모음

기쁠때 : (✿◡ㅁ◡) (❁´◡`❁) (●ˇ∀ˇ●) O(∩_∩)O
인사할때 : (*￣3)(ε￣ *) ✪ ω ✪ b(￣▽￣)d 👈(⌒▽⌒)👉
애교부릴때 : ✍(◔◡◔) (♥ ω ♥) (◉Θ◉) (^◕.◕^)
슬플때 : (T_T) <(_ _)> ~~>_<~~ ::>_<::
화날때 : ￣へ￣ (︶︿︶) (►__◄) (ㅎ_ㅎ) 눈_눈
놀람 : (⊙ㅁ⊙) (@_@;) <@_@> (●__●) ◉_◉

02 메모장의 이모지에서 제공하지 않는 나만의 이모지 모양을 만들어 보아요.

☜||ㅁ ㅁ||☞ ☜‖■-■‖☞ ↖@_@↗

CHAPTER 11

계산기를 알아보자!

학습 목표

- 계산기의 계산 방법을 알 수 있어요.
- 계산기로 시간 및 환율, 날짜 등을 계산할 수 있어요.

핵심 정리 배울 내용을 알아 보아요

계산기란 무엇인가요?

윈도우에 포함된 **계산기**는 다양한 계산에 사용할 수 있어요.
덧셈, 뺄셈, 곱셈, 나눗셈 등의 숫자 계산에 편리해요.
계산기에서는 시간 및 날짜, 기념일이나 환율 등도 계산할 수 있어요.

계산기의 편리한 점은 무엇인가요?

- **실수 없이 정확해요** : 컴퓨터는 오류 없이 정확한 계산값을 알려줘요.
- **빠르게 계산해요** : 컴퓨터의 빠른 처리 능력으로 계산을 빠르게 해요.
- **어려운 계산도 쉽게 해줘요** : 많은 숫자나 복잡한 계산식도 쉽게 결과를 얻을 수 있어요.

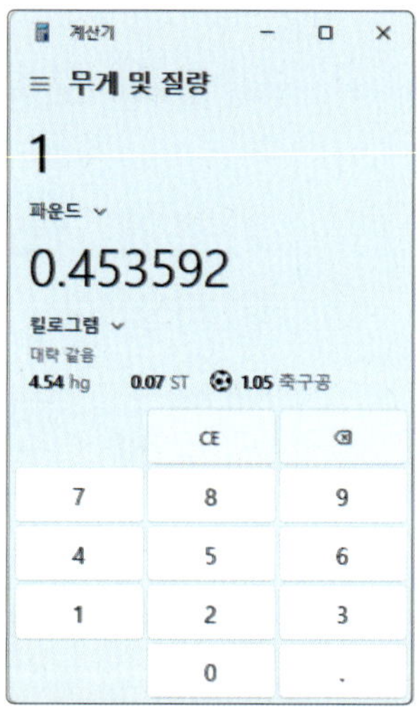

AI 챗봇으로 물어보기

Copilot **코파일럿 AI를 활용하여 오늘 배울 내용을 미리 알아보아요!**

윈도우에서 계산기의 사용법에 대해 초등학생이 이해하기 쉽게 설명해 주세요.

프롬프트 엔지니어를 위한 문해력 키우기

뜻맞히기 곤란한 상황은 쉬운 상황일까요?

아래 문장에 나타난 '곤란하다'의 뜻은 무엇일까요?
'그것 참 상황이 곤란하게 생겼네'

기쁘고 즐겁다	하기 어렵고 난처하다
매우 익숙하다	힘이 넘친다

1 계산기를 실행하고 문제를 풀어봐요.

1. [시작( )]-[계산기]를 클릭하여 계산기 프로그램을 실행하고 아래 문제를 풀어보아요.

❶ 동물나라에 살고 있는 가족은 모두 몇 명 일까요?

95 + 120 + 115 + 80 + 150 + 95 =

❷ 가장 많은 동물과 가장 적은 동물의 차이는 몇 명일까요?

150 - 80 =

❸ 곰 친구들이 3배로 늘었다면 곰 가족은 모두 몇 명일까요?

150 * 3 =

❹ 하마 가족과 곰 가족의 평균은 몇 명일까요?

(120 + 150) ÷ 2 =

2 계산기로 시간과 환율을 계산해요.

❶ 계산기 앱의 [탐색 열기(☰)]를 클릭한 후 [시간]을 선택해요. 기준 단위(년)와 변환 단위(시간)를 수정한 후 연도(1)를 키패드로 입력하여 1년에 해당하는 시간을 알 수 있어요.

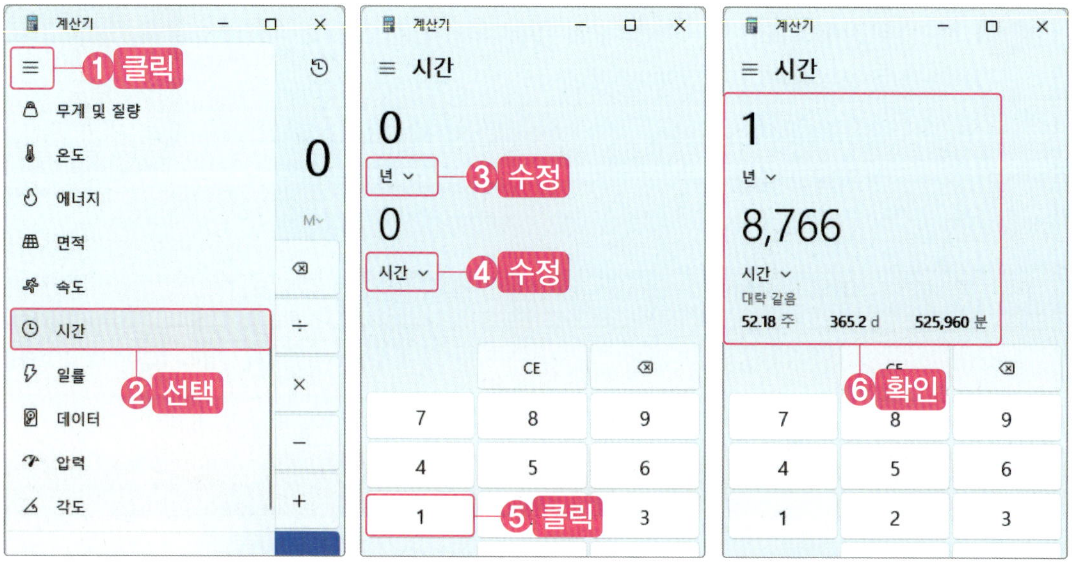

❷ 계산기 앱의 [탐색 열기(☰)]를 클릭한 후 [통화 환율]을 선택해요. 기준 단위(미국 - 달러)와 변환 단위(한국 - 원)를 수정한 후 달러 금액(1)을 키패드로 입력하면 변환 단위의 금액을 알 수 있어요.

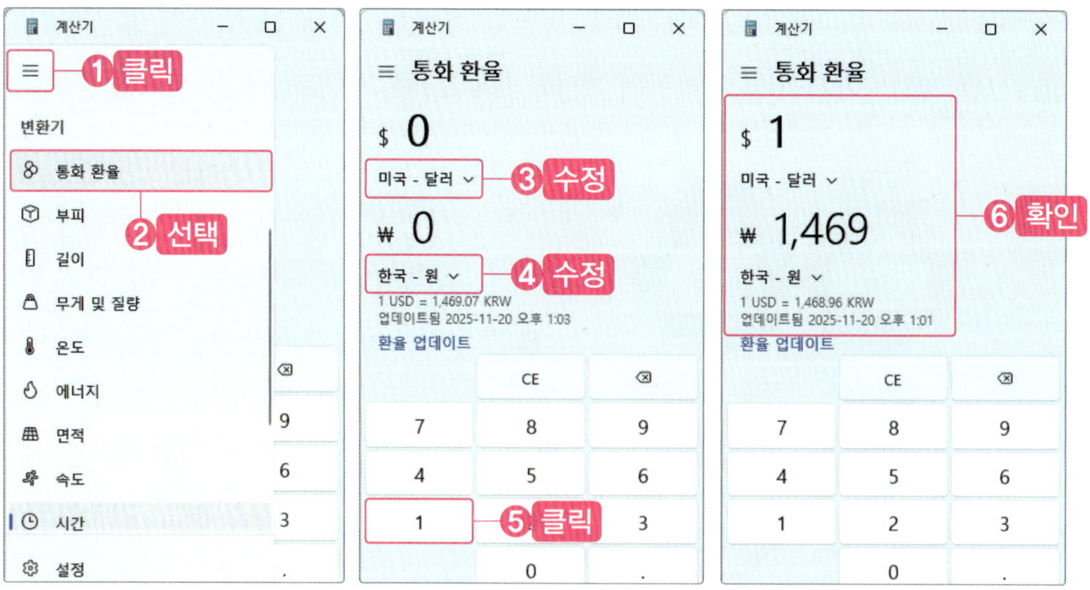

TIP

현재의 환율로 수정하려면 어떻게 할까요?

통화 환율 계산기의 아래쪽 [환율 업데이트]를 클릭하면 현재의 환율로 자동으로 수정할 수 있어요.

3 계산기로 살아온 인생 날짜를 계산해요.

❶ 계산기 앱의 [탐색 열기(≡)]를 클릭한 후 [날짜 계산]을 선택하고 [날짜 간 차이]를 확인해요. 오늘까지 살아온 날짜를 계산하기 위해 시작일에 본인의 생년월일을 지정해요.

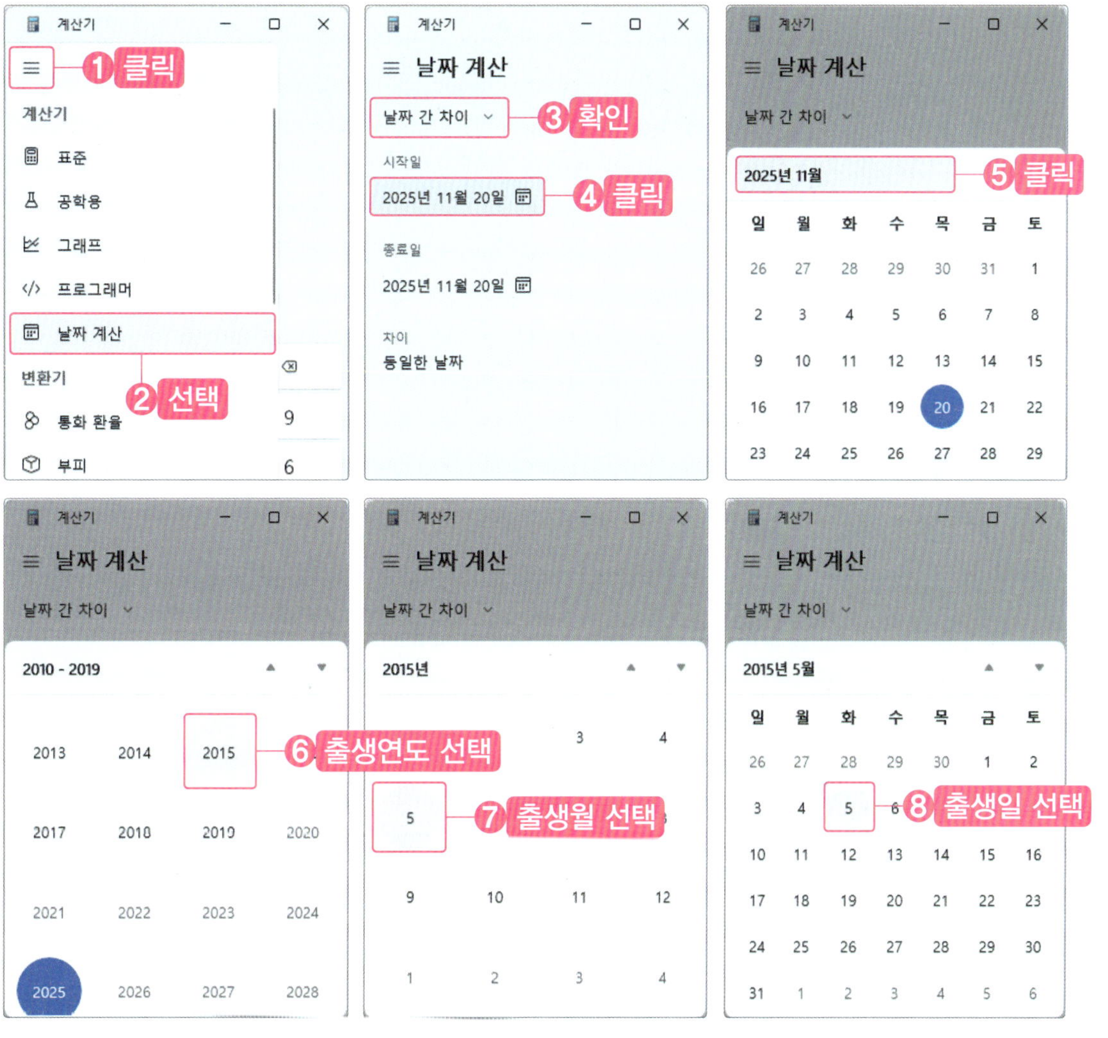

❷ 생년월일부터 현재 날짜까지의 차이를 확인할 수 있어요.

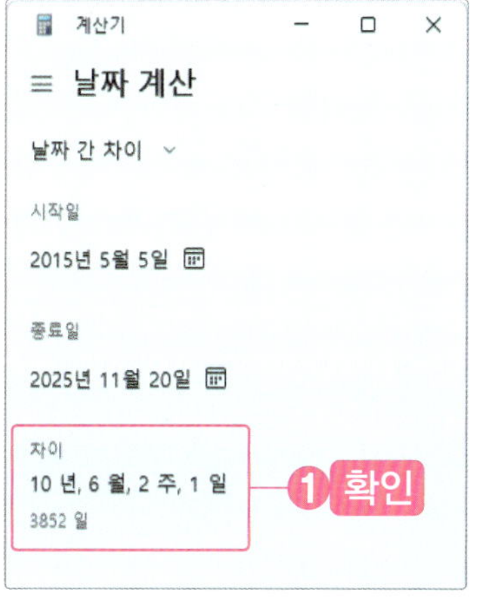

TIP

종료일도 수정할 수 있을까요?

종료일의 경우 기본 설정은 현재 날짜로 되어 있으며, 시작일을 지정하는 것과 같이 종료일도 수정하여 날짜를 계산할 수 있어요.

4 도전 100일 날짜를 계산해요.

❶ 계산기 앱이 날짜 계산 상태에서 [날짜 간 차이]를 선택한 후 [일 합산 또는 빼기]로 수정해요. 일 합산 또는 빼기 화면으로 바뀌면 시작일을 현재 날짜로 수정해요.

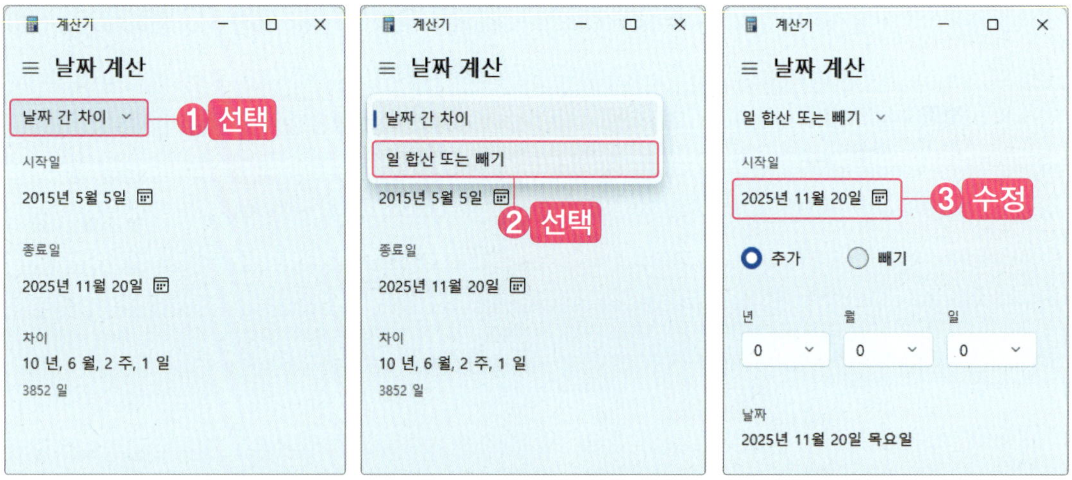

❷ 일 항목의 목록 단추(⌄)를 클릭 후 100을 선택하면 현재 오늘 날짜(2025년 11월 20일) 부터 100일이 되는 날짜(2026년 2월 28일)를 확인할 수 있어요.

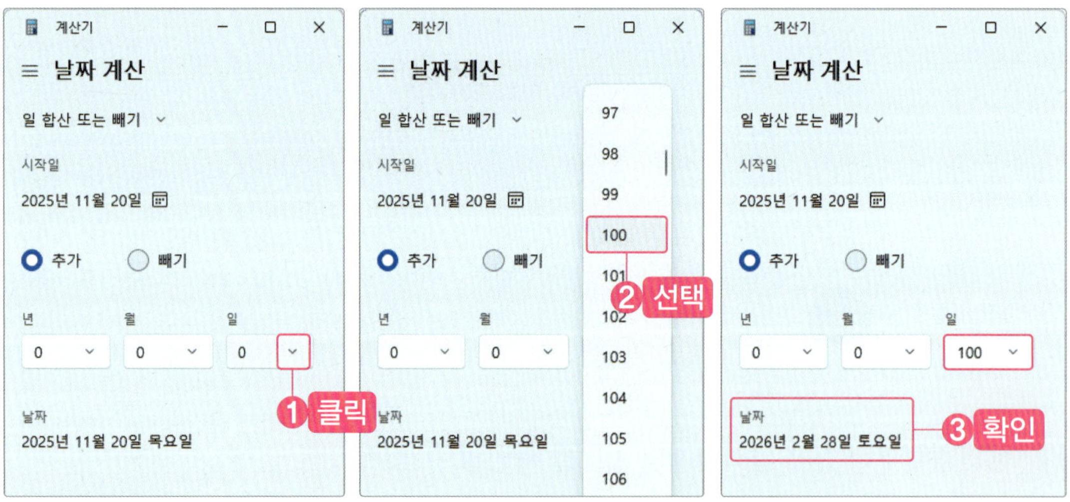

TIP

계산기를 표준 계산기로 다시 바꾸려면 어떻게 해야 할까요?

계산기의 탐색 열기(≡)를 클릭한 후 [표준]을 선택하면 표준 계산기로 돌아갈 수 있어요.

CHAPTER 11

톡톡 학습

AI 천재로 가는 길!

AI 챗봇으로 물어보기

Copilot 코파일럿 AI를 활용하여 아래의 내용을 미리 알아보아요!

윈도우의 계산기를 이용하여 길이 단위를 계산하는 방법에 대해 쉽게 설명해 주세요.

01 계산기에서 길이 계산으로 수정한 후 20인치가 몇 센티미터인지 계산해 보아요.

↳ 계산기에서 [길이] 단위로 선택하고 기준 길이(인치), 변환 길이(센티미터)로 수정해요.

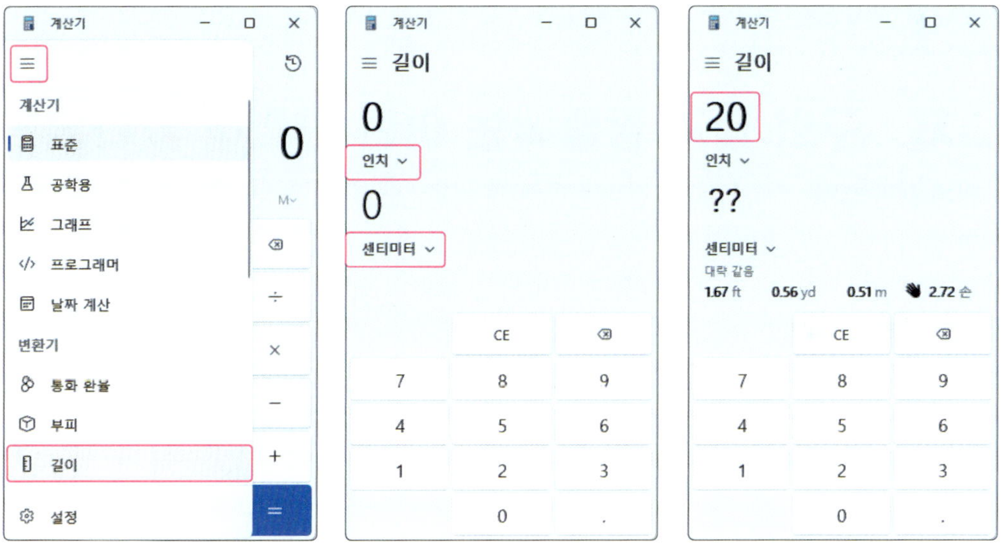

02 계산기에서 부피 계산으로 수정한 후 1리터가 몇 티스푼(미국)인지 계산해 보아요.

↳ 계산기에서 [부피] 단위로 선택하고 기준 단위(리터), 변환 단위(티스푼(미국))로 수정해요.

CHAPTER

12 캡처 도구를 알아보자!

학습 목표

- 캡처 도구가 무엇인지 알 수 있어요.
- 캡처 도구의 사용법을 알 수 있어요.

핵심 정리 배울 내용을 알아 보아요

캡처도구란 무엇인가요?

캡처도구는 윈도우 컴퓨터에서 화면을 사진처럼 찍는 프로그램이에요.
우리가 보고 있는 화면을 그대로 저장하거나 친구에게 보여줄 수 있어요.

캡처도구의 캡처 방법에는 어떤 방법이 있나요?

- **전체 화면 캡처 :** 컴퓨터 화면 전체를 한 번에 찍을 수 있어요.
- **창 캡처 :** 하나의 창만 골라서 찍을 수 있어요.
- **사각형 캡처 :** 마우스로 네모 모양을 그려서 그 부분만 찍을 수 있어요.
- **자유형 캡처 :** 마우스로 원하는 모양을 그려서 그 부분만 찍을 수 있어요.

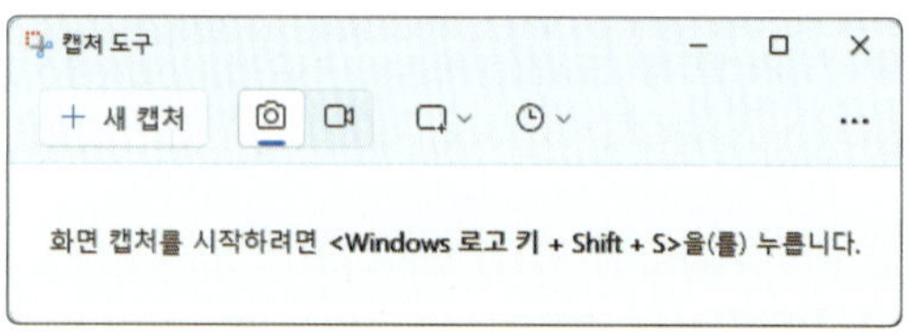

AI 챗봇으로 물어보기

Copilot **코파일럿 AI를 활용하여 오늘 배울 내용을 미리 알아보아요!**

윈도우에서 캡처 도구의 사용법에 대해 초등학생이 이해하기 쉽게 설명해 주세요.

프롬프트 엔지니어를 위한 문해력 키우기

문맥 속 단어고르기 숨이 가쁘다는 표현으로 숨이 찰 때 어떤 느낌일지 생각해 보세요.

운동장에서 너무 뛰어 놀아서 숨이 ________ 찼다.
이 때, 밑줄에 들어갈 알맞은 말은 무엇일까요?

편안하게	점잖게
턱까지	느긋하게

1 캡처 도구를 실행해요.

❶ [시작()]-[캡처 도구]를 클릭하여 캡처 도구를 실행해요.

알고 넘어가요!

캡처 도구의 구성을 알아볼까요?

❶ **새 캡처** : 캡처할 때 사용해요.
❷ **캡처** : 이미지 또는 동영상 캡처를 선택해요.
❸ **캡처 영역** : 캡처 대상을 직사각형, 창, 전체 화면, 자유형 등으로 선택해요.
❹ **캡처 지연** : 캡처할 때 지연 시간을 설정해요.

TIP

단축키를 이용한 캡처 도구의 실행 방법은 무엇일까요?

이미지 캡처는 키보드의 +Shift+S, 동영상 캡처는 +Shift+R을 눌러요.

2 캡처 도구로 필요한 부분을 캡처해요.

1. [시작(⊞)]-[그림판]을 클릭하여 실행한 후 [캡처 도구 사용법] 파일을 불러와요.

   ↳ 그림판에서 [파일]-[열기]를 선택 후 [12차시] 폴더의 '캡처 도구 사용법' 파일을 선택하고 [열기]를 클릭해요.

2. 키보드의 ⊞+Shift+S를 누른 후 그림판의 이미지에서 캡처할 부분을 드래그해요.

알고 넘어가요!

이미지 캡처가 창 또는 전체 화면이 캡처돼요.

캡처 영역 선택이 창 또는 전체 화면으로 선택된 경우 나타나며, [캡처 도구] 창의 [캡처 영역]에서 [직사각형]을 선택하면 따라하기 과정과 같이 직사각형 모양으로 캡처할 수 있어요.

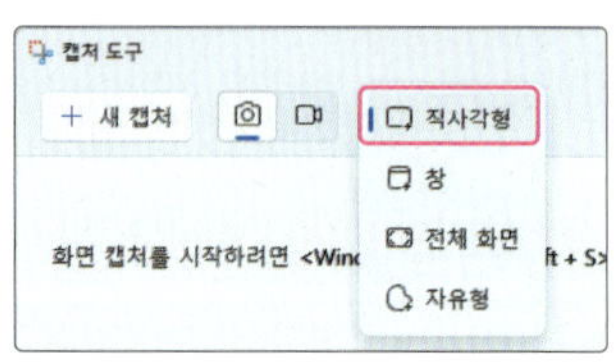

3 캡처한 이미지를 저장해요.

❶ 캡처 도구 창에 캡처된 이미지를 저장하기 위해 [저장(🖫)]을 클릭해요.

TIP

캡처 도구의 기능을 알아보아요.

❶ 볼펜 ❷ 형광펜 ❸ 지우개 ❹ 도형 ❺ 이미지 자르기 ❻ 텍스트 작업 ❼ 저장 ❽ 복사 ❾ 공유

❷ [다른 이름으로 저장] 대화상자에서 저장 위치(다운로드) 및 파일 이름(캡처 연습)을 입력한 후 [저장]을 클릭하면 저장할 수 있어요.

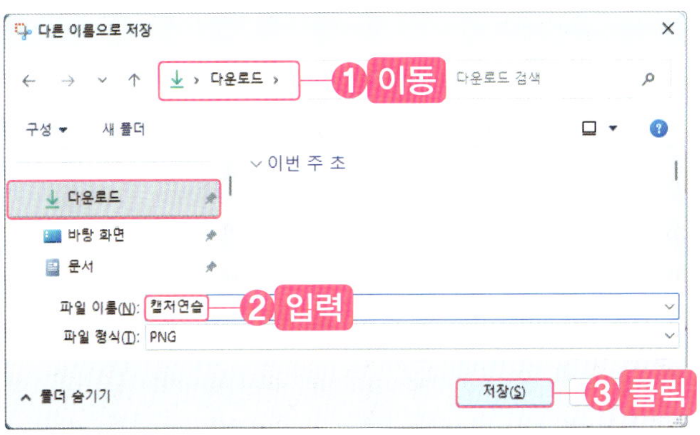

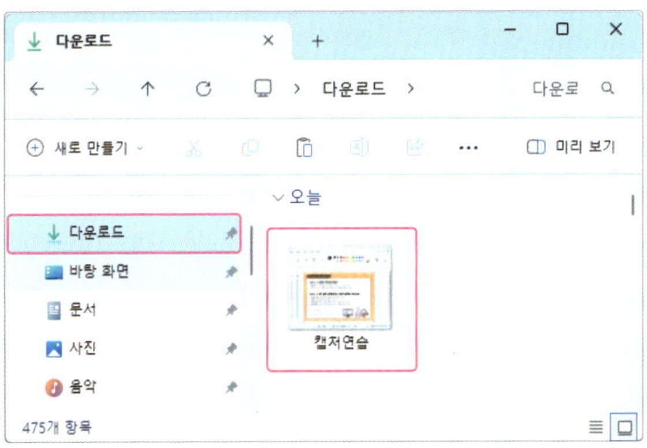

4 캡처 이미지에서 텍스트를 복사해요.

❶ 캡처 이미지에서 텍스트를 복사하기 위해 [텍스트 작업(⊡)]을 클릭한 후 복사할 텍스트만 드래그한 다음 [복사(⧉)]를 클릭해요.

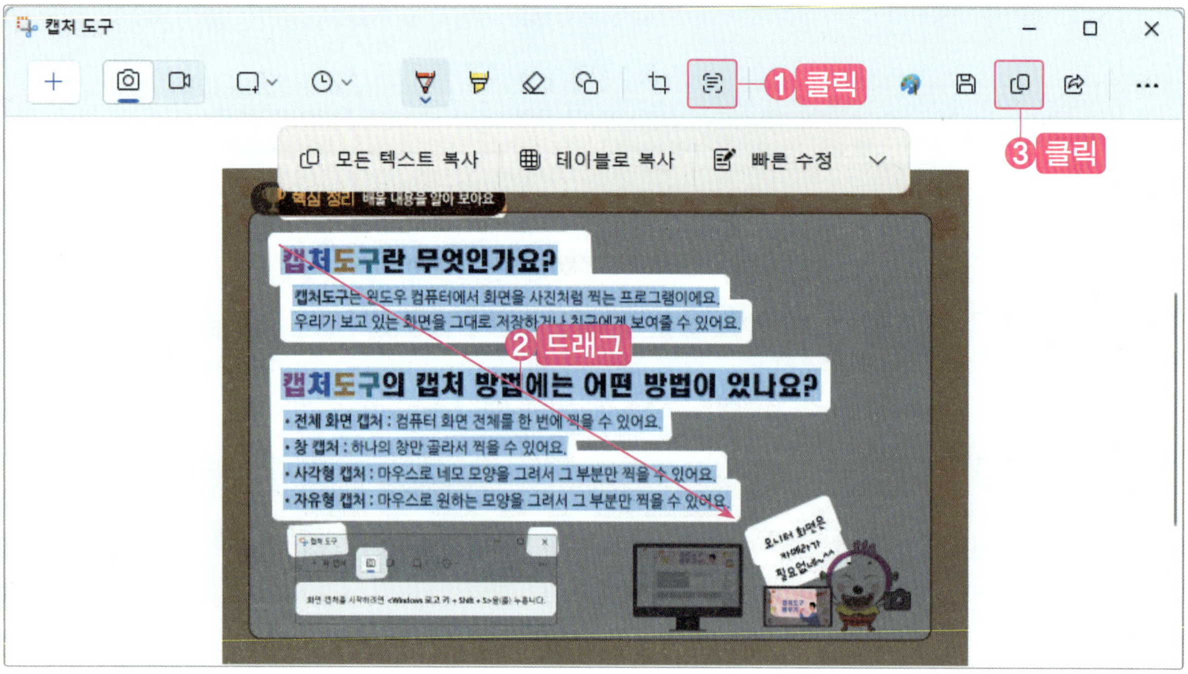

TIP

캡처 이미지를 인쇄하려면 어떻게 할까요?

캡처 도구에서 [자세히 보기(···)]-[인쇄]를 선택하면 [캡처 인쇄] 대화상자가 나타나며, 인쇄할 수 있어요.

❷ [메모장] 앱을 실행한 후 [편집]-[붙여넣기]를 클릭하면 복사한 텍스트가 붙여넣기 돼요.

↳ [시작(■)]-[메모장]을 클릭하면 [메모장] 앱을 실행할 수 있어요.

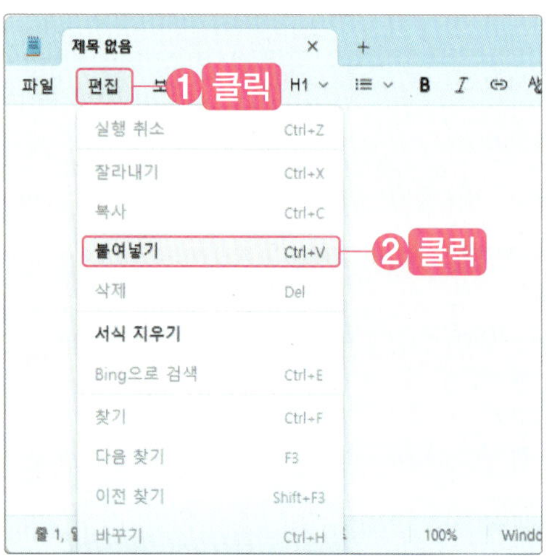

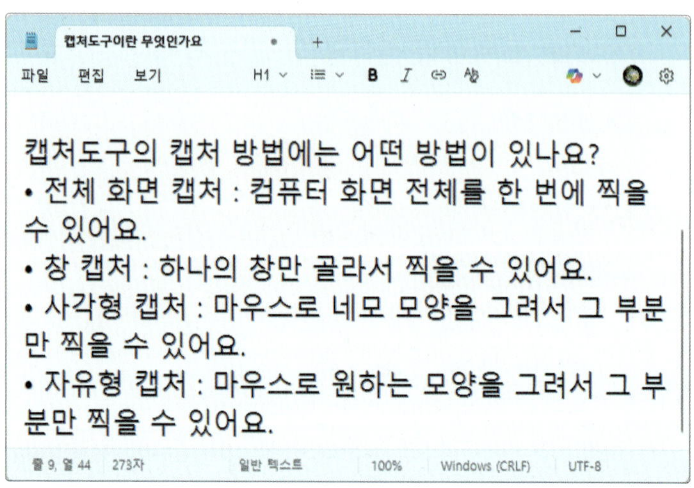

CHAPTER 12

톡톡 학습

AI 천재로 가는 길!

AI 챗봇으로 물어보기

Copilot **코파일럿 AI를 활용하여 아래의 내용을 미리 알아보아요!**

인터넷 엣지에서 네이버(naver.com) 지도를 확인하는 방법에 대해 쉽게 설명해 주세요.

01 네이버(naver.com) 또는 다음(daum.net)의 지도를 이용해서 캡처 도구로 약속 장소를 만들어 보아요. (샘플 이미지 : [12차시] 폴더의 지도 파일)

❶ 인터넷 네이버(naver.com) 또는 다음(daum.net)의 [지도]를 클릭 후 원하는 장소를 확대해요.

❷ 캡처 도구(⊞+Shift+S)를 실행한 후 원하는 지도 부분만 캡처해요.

❸ 형광펜 및 볼펜 도구를 이용하여 장소와 시간을 표시해요.

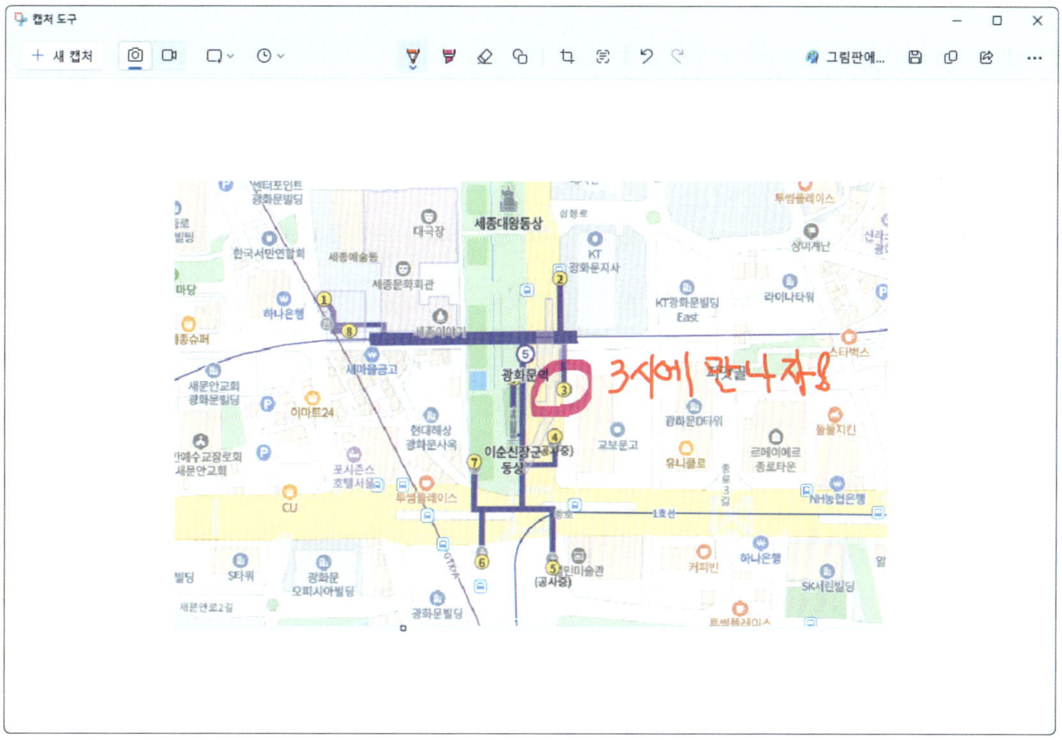

CHAPTER 13

파일과 폴더의 압축을 알아보자!

학습 목표

- 파일과 폴더의 압축 방법을 알 수 있어요.
- 파일과 폴더의 압축 해제 방법을 알 수 있어요.

핵심 정리 배울 내용을 알아 보아요

압축이란 무엇인가요?

압축이란 여러 개의 파일 또는 폴더를 하나의 파일로 만드는 기능이에요.
여러 개의 파일 또는 폴더를 압축하면 용량이 줄어들어 저장 공간을 넓게 쓸 수 있어요.
이메일 등으로 전송할 때 하나의 파일로 묶어 간단하며, 용량도 줄어 전송이 편리해요.
서로 연관된 여러 개의 파일을 하나의 파일로 묶을 수 있어 정리 및 관리하기도 편해요.

AI 챗봇으로 물어보기

Copilot **코파일럿 AI를 활용하여 오늘 배울 내용을 미리 알아보아요!**

윈도우에서 압축의 사용법에 대해 초등학생이 이해하기 쉽게 설명해 주세요.

프롬프트 엔지니어를 위한 문해력 키우기

유사·반대어 찾기 정리가 잘 되어 있는 상태를 생각해 보세요.

'복잡하다'의 반대말은 무엇일까요?

간단하다	어지럽다
산만하다	많다

1 파일을 압축하고 크기를 비교해 보아요.

① 파일 탐색기의 [윈도우11]-[13차시] 폴더에서 키보드의 Ctrl+A를 눌러 모든 파일을 선택하고 마우스 오른쪽 단추를 눌러 [속성]을 클릭, 폴더의 크기를 확인해요.

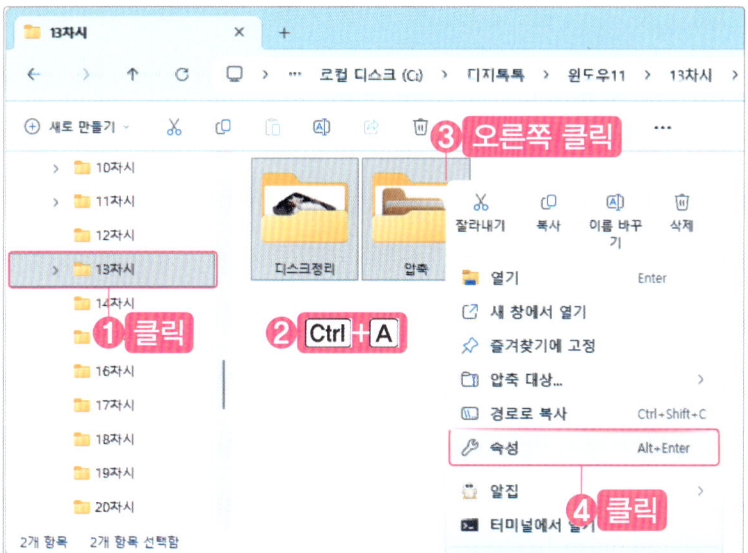

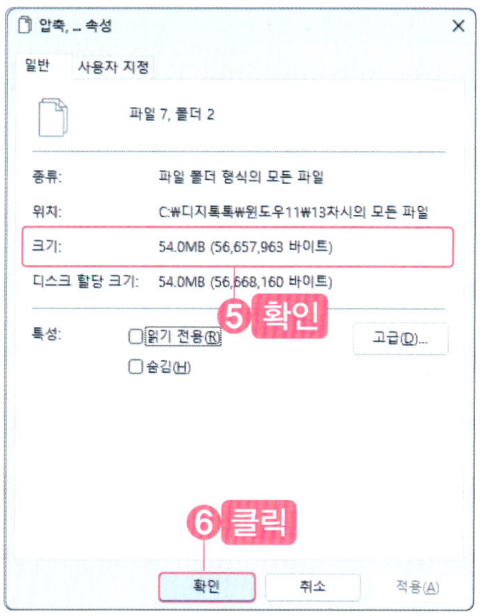

❷ 압축할 파일이 선택된 상태에서 마우스 오른쪽 단추를 눌러 [압축 대상]-[Zip 파일]을 클릭해요. 파일이 압축되면 이름(압축연습)을 수정해요.

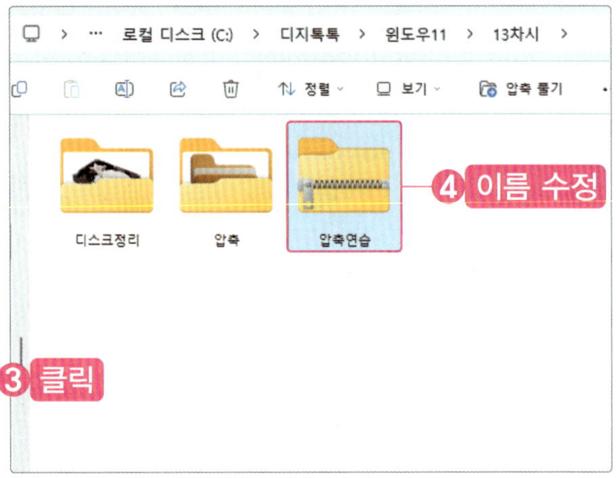

알고 넘어가요!

도구 모음을 이용한 압축 방법을 알아보아요.

압축할 파일을 선택한 후 도구 모음의 [더 보기(···)]-[ZIP 파일로 압축]을 클릭하면 선택한 파일을 압축할 수 있어요.

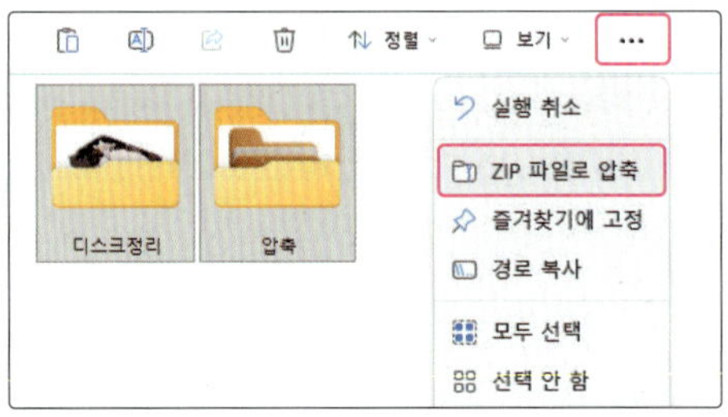

❸ 압축한 [압축연습] 폴더에서 마우스 오른쪽 단추를 눌러 [속성]을 클릭하여 압축 이전의 파일 크기와 비교해 보아요. ↳ 압축 이전의 크기 : 54.0MB, 압축한 크기 : 7.60MB

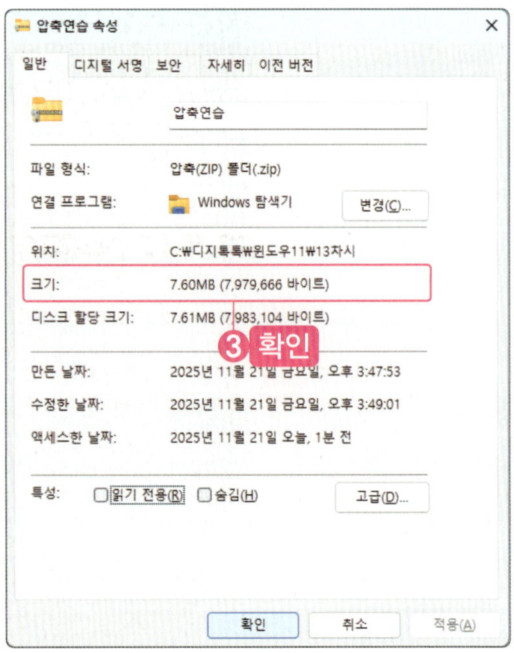

2 압축 폴더를 해제해 보아요.

❶ 압축 폴더(압축연습)를 선택한 후 도구 모음의 [압축 풀기]를 클릭해요.

❷ [압축(Zip) 폴더 풀기] 대화상자가 나타나면 [찾아보기]를 클릭한 후 압축을 풀어 놓을 위치(다운로드)를 지정한 다음 [저장]을 클릭해요.

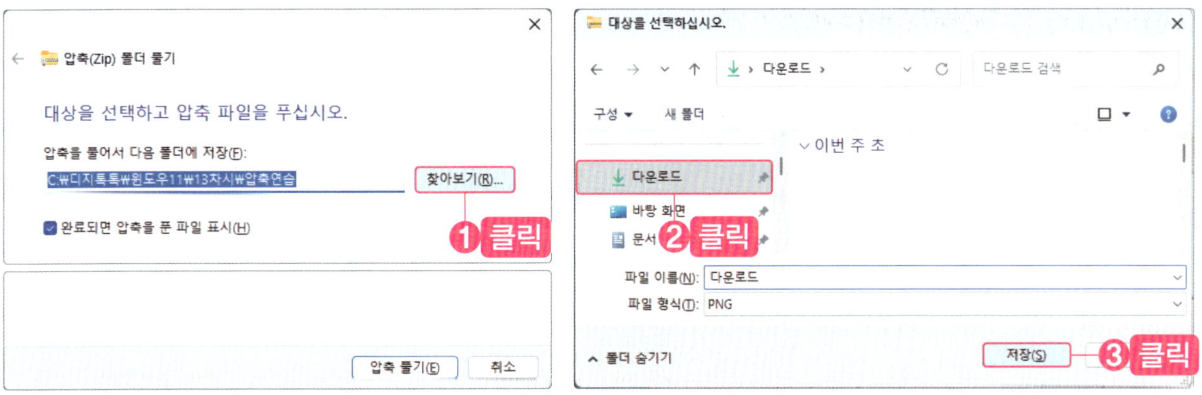

알고 넘어가요!

압축 파일에 추가로 파일을 압축하려면 어떻게 하나요?

압축된 파일에 추가로 압축할 파일을 마우스로 드래그하면 해당 파일이 압축 파일로 복사되면서 압축 파일에 추가할 수 있어요.

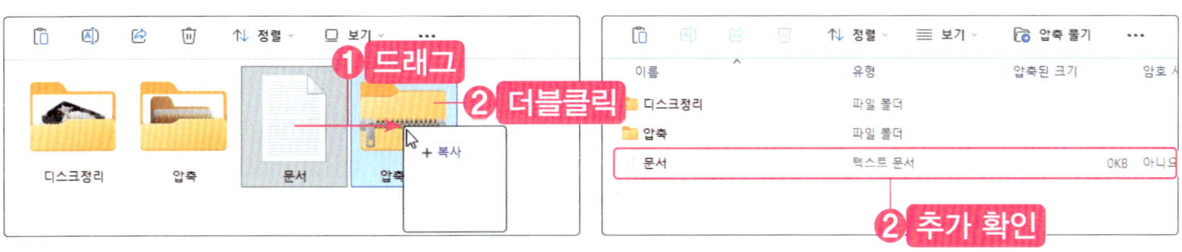

❸ [압축(ZIP) 폴더 풀기] 대화상자에 압축을 풀어서 놓을 위치(다운로드)가 바뀌면 [압축 풀기]를 클릭해서 해당 위치에 압축을 풀어요.

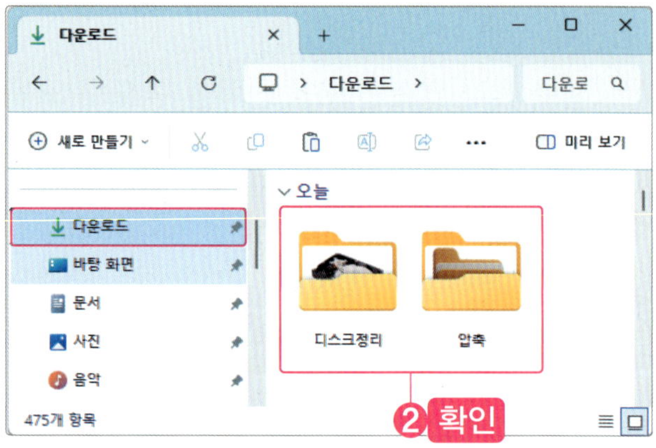

알고 넘어가요!

압축 폴더의 압축된 목록 중에서 필요한 파일 또는 폴더만 압축을 해제할 수 있나요?

압축된 폴더의 목록에서 압축 해제할 파일 또는 폴더만 선택한 후 [압축 풀기]를 클릭하면 해당 파일 또는 폴더만 압축을 해제하여 표시할 수 있어요.

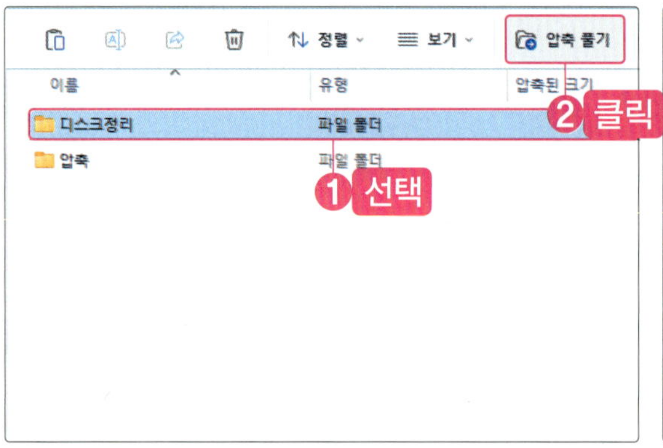

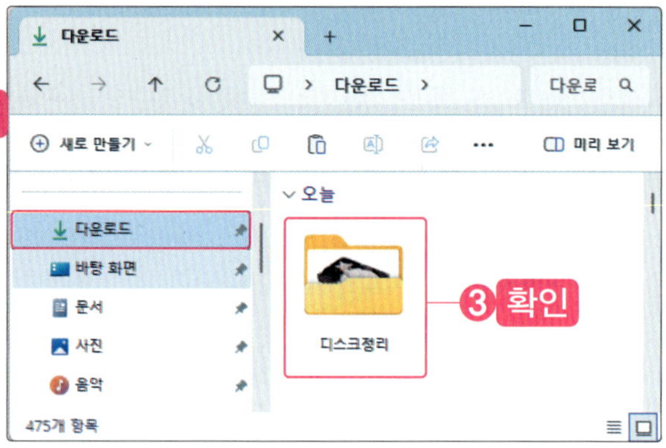

CHAPTER 13 톡톡 학습

AI 천재로 가는 길!

AI 챗봇으로 물어보기

Copilot **코파일럿 AI를 활용하여 아래의 내용을 미리 알아보아요!**

압축된 폴더에서 필요한 파일만 압축을 해제하는 방법에 대해 쉽게 설명해 주세요.

01 [13차시] 폴더에서 압축 폴더(압축연습)의 [압축] 폴더만 [문서] 폴더에 압축을 해제하여 표시해 보세요.

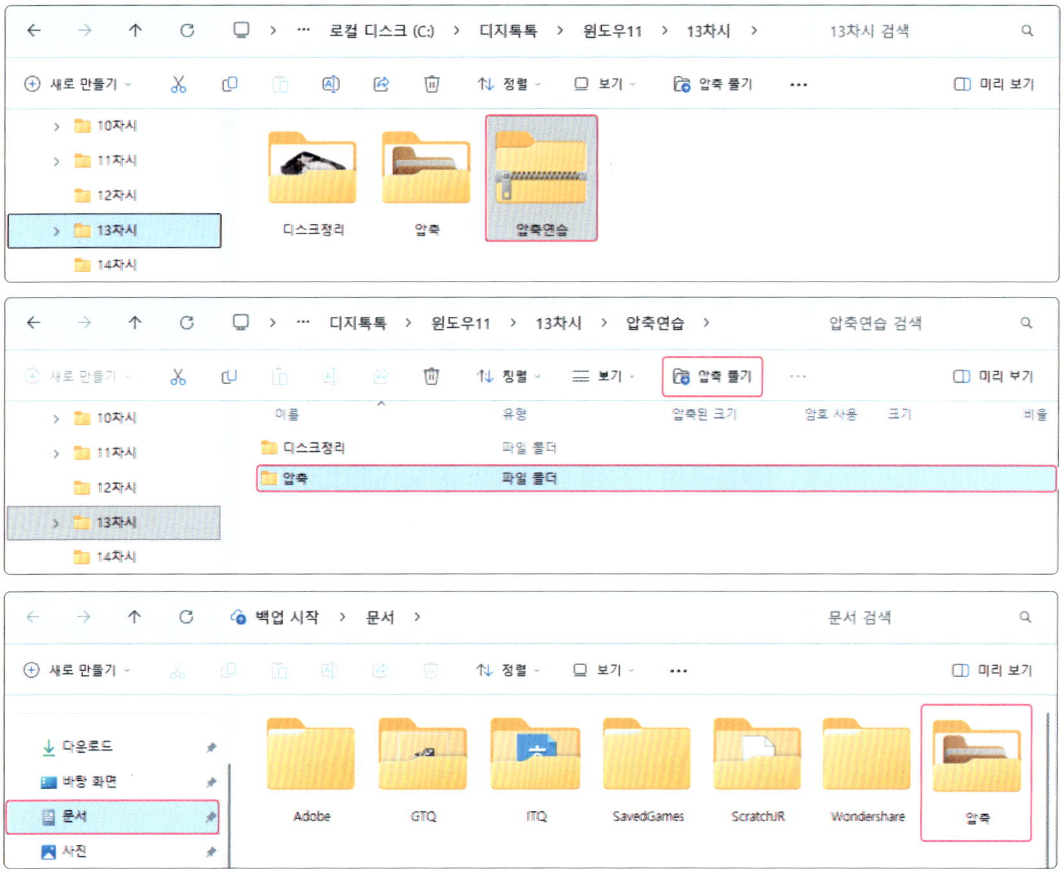

02 [13차시] 폴더에서 압축 폴더(압축연습)를 삭제해 보세요.

CHAPTER

14 마이크로소프트 스토어를 알아보자!
(Microsoft Store)

학습 목표

- 마이크로소프트 스토어에 대해 알 수 있어요.
- 앱의 설치 및 삭제 방법을 알 수 있어요.

핵심 정리 배울 내용을 알아 보아요

Microsoft Store란 무엇인가요?

마이크로소프트 스토어는 컴퓨터 속에 있는 가게를 말해요.
마트에 가서 장난감을 사듯이 필요한 프로그램을 다운로드 받아 내 컴퓨터에 설치할 수 있어요.
앱(App)에 따라 무료와 유료로 나뉘고 연령의 제한이 있기도 해요.

Microsoft Store를 이용시 좋은점은 무엇인가요?

- **안전해요** : 나쁜 프로그램이 없도록 잘 관리해요.
- **쉽게 설치돼요** : 버튼만 누르면 바로 설치할 수 있어요.
- **필요한 걸 쉽게 찾을 수 있어요** : 검색만 하면 금방 나와요.

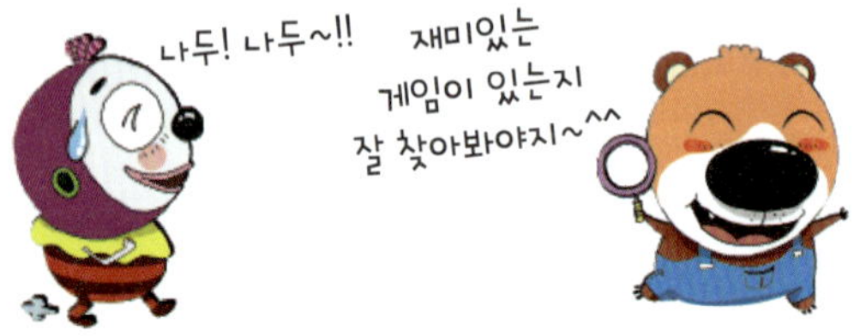

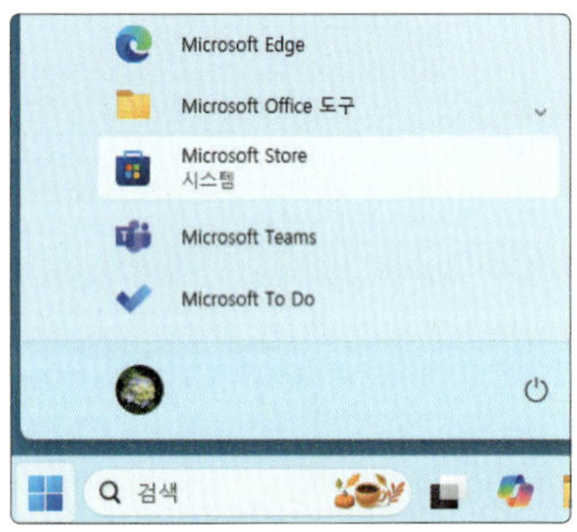

AI 챗봇으로 물어보기

Copilot **코파일럿 AI를 활용하여 오늘 배울 내용을 미리 알아보아요!**

마이크로소프트 스토어의 사용법에 대해 초등학생이 이해하기 쉽게 설명해 주세요.

프롬프트 엔지니어를 위한 문해력 키우기

올바른 용어 사용 기분이 좋지 않을 때 쓰는 말을 생각해 보세요.

아래 문장에서 밑줄의 자연스러운 표현은 무엇일까요?
'친구가 약속을 지키지 않아서 조금 언짢았다.'

맛있었다	기뻤다
속상했다	시시했다

1 마이크로소프트 스토어에서 앱을 설치해요.

❶ [시작(■)]-[Microsoft Store]를 클릭하여 마이크로소프트 앱 스토어를 실행해요.

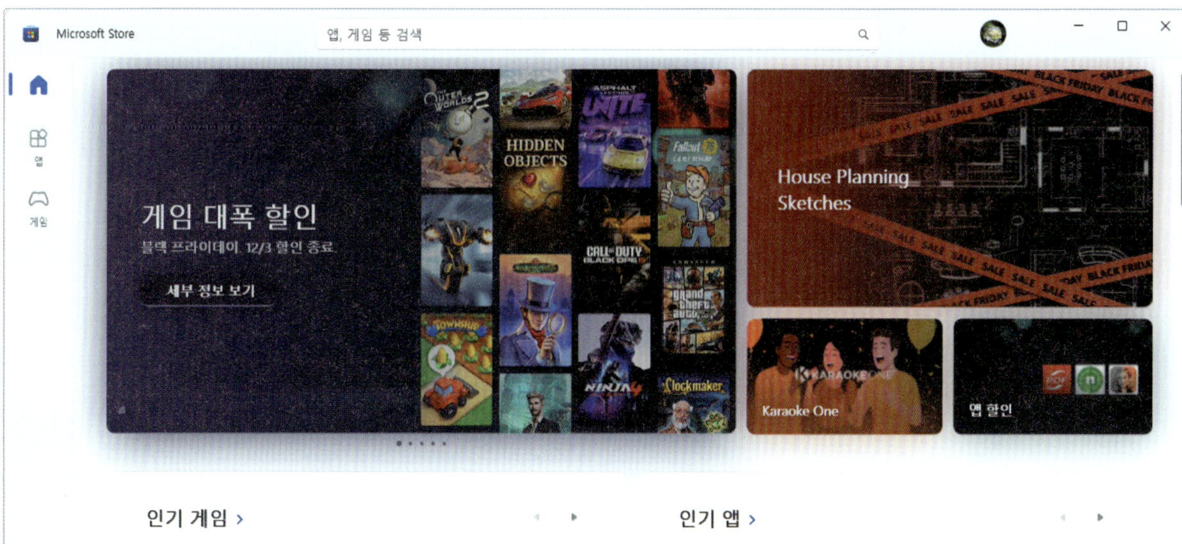

2. [Microsoft Store] 창이 표시되면 검색어(어린이 색칠공부)를 입력한 후 Enter를 눌러 검색해요.

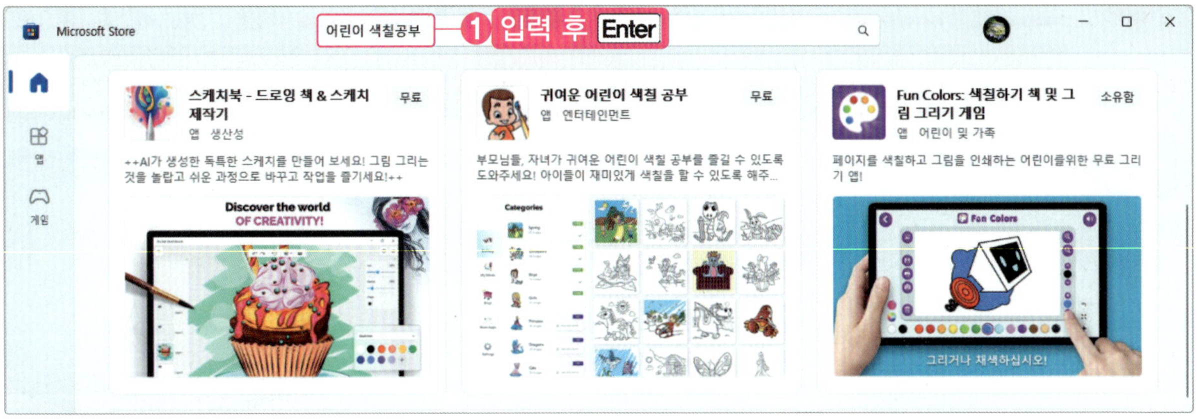

알고 넘어가요!

마이크로소프트 스토어에서 설치 가능한 앱의 종류를 알아볼까요?

- **무료** : 해당 앱을 무료로 다운로드하여 설치할 수 있어요.
- **유료(금액 표시)** : 해당 앱은 표시된 금액을 지불해야 사용할 수 있어요.
- **소유함** : 해당 앱을 이미 구매 또는 무료로 다운로드하여 해당 앱의 사용 권한을 계정 차원에서 확보했다는 표시로 마우스로 위치하면 [열기] 또는 [설치] 표시가 나와요.

3. 검색 목록의 설치할 앱(귀여운 어린이 색칠공부)에서 [다운로드]를 클릭하면 다운로드 후 자동으로 설치가 진행돼요.

알고 넘어가요!

설치할 앱의 상세 설명은 어떻게 알 수 있나요?

설치하고자 하는 앱을 클릭하면 앱의 사용 연령 및 스크린샷을 통한 미리보기 화면으로 해당 앱이 어떤 특징을 가지고 있는지 확인할 수 있어요.

2 설치한 앱을 실행해 보아요.

❶ [시작(⊞)]-[색칠 공부] 앱을 클릭해요.

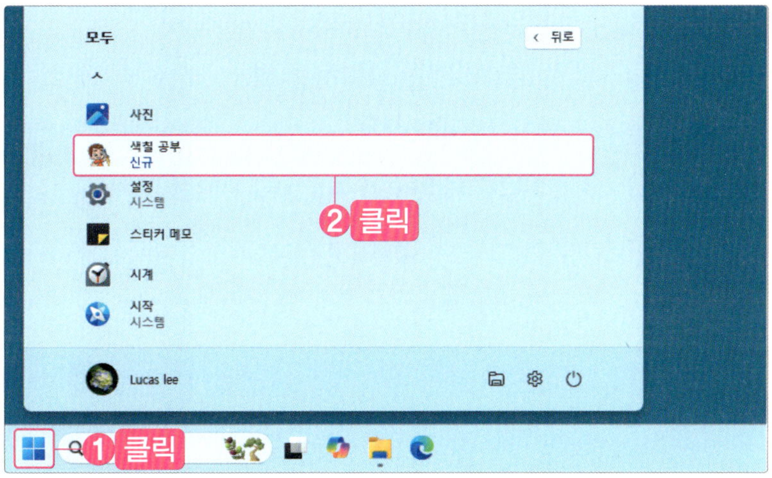

❷ 언어를 한국어로 바꾸기 위해 [Settings(⚙)]을 클릭한 후 [설정] 대화상자에서 [한국어]로 변경하고 [닫기(✕)]를 클릭해요.

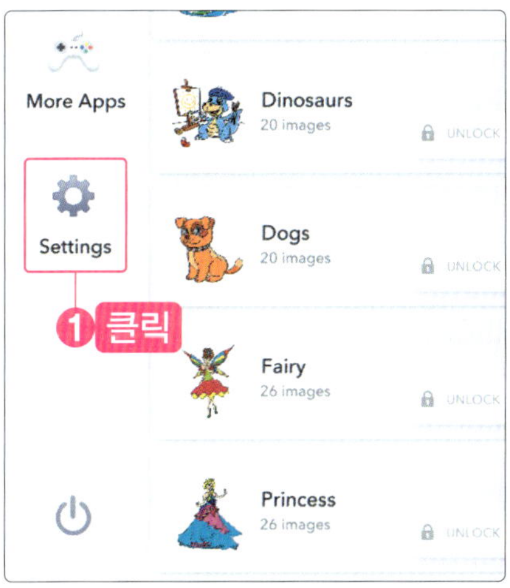

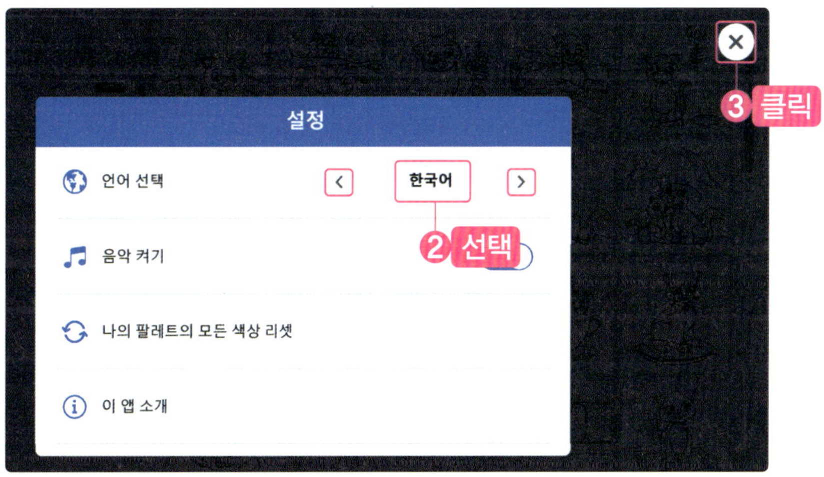

❸ 무료 그림 중 원하는 그림을 선택하여 색칠해 보아요. [색칠공부] 창의 종료(⏻)를 클릭하면 창을 닫을 수 있어요.

3 설치한 앱을 삭제해 보아요.

❶ [시작( )]-[색칠 공부] 앱에서 마우스 오른쪽 단추를 눌러 [제거]를 클릭하면 설치한 앱을 제거할 수 있어요.

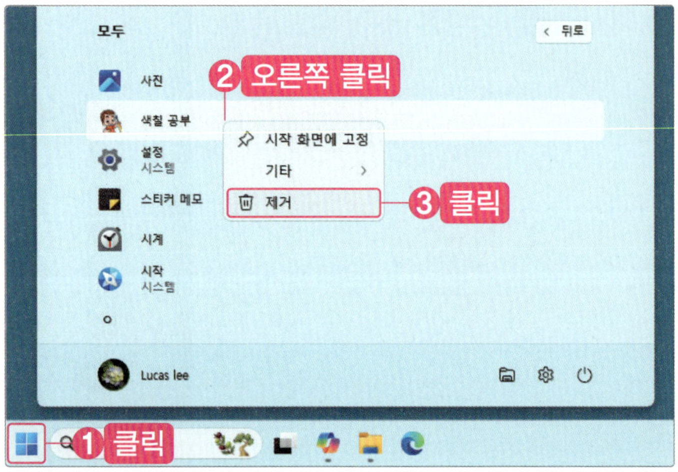

알고 넘어가요!

[시작( )]-[설정( )]을 이용해서도 윈도우에 설치된 앱을 제거할 수 있어요.

윈도우의 [설정] 창에서 [앱]-[설치된 앱]을 클릭한 후 목록에서 제거할 앱의 [기타 옵션(…)]-[제거]를 클릭하면 선택한 앱을 제거할 수 있어요.

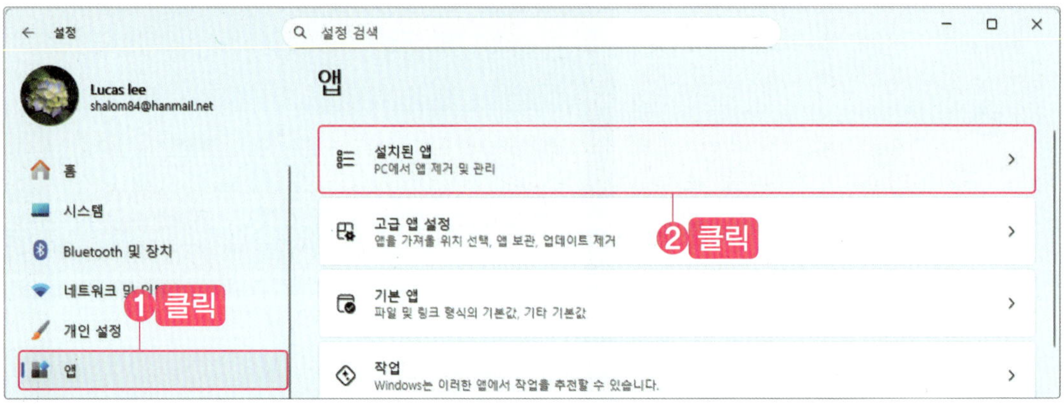

CHAPTER 14

톡톡 학습

AI 천재로 가는 길!

AI 챗봇으로 물어보기

Copilot 코파일럿 AI를 활용하여 아래의 내용을 미리 알아보아요!

마이크로소프트 스토어에서 앱 설치및 삭제 방법에 대해 쉽게 설명해 주세요.

01 마이크로소프트 스토어에서 동영상 편집 앱(Clipchamp)을 설치해 보세요.

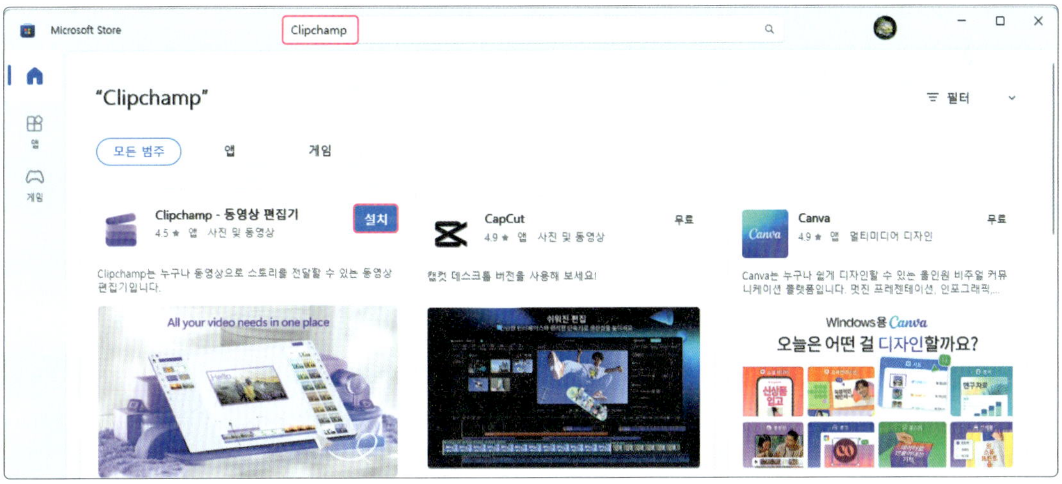

02 설치한 동영상 편집 앱(Clipchamp)을 실행해 보세요.

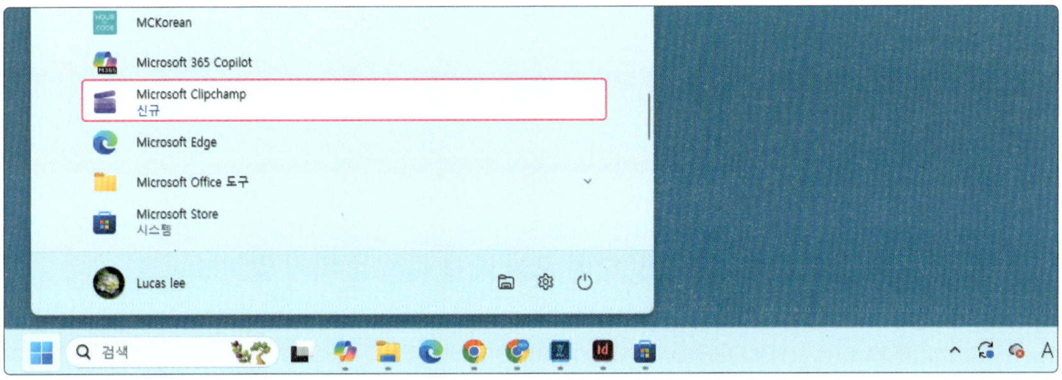

CHAPTER 15

동영상 편집을 알아보자!

학습 목표

- 마이크로소프트 Clipchamp에 대해 알 수 있어요.
- 동영상에 화면전환 효과의 지정 방법을 알 수 있어요.

핵심 정리 배울 내용을 알아 보아요

Microsoft Clipchamp란 무엇인가요?

마이크로소프트 Clipchamp는 마이크로소프트가 제공하는 영상 편집 및 제작 도구에요.
영상 편집의 기본 기능과 인터페이스가 간단하여 초보자도 쉽게 영상 편집이 가능해요.
저작권에 제한이 없는 스톡 영상 및 이미지, 음악 등을 제공하여 사용할 수 있어요.
마이크로소프트 스토어에서 무료로 다운로드 받아 설치할 수 있어요.

AI 챗봇으로 물어보기

Copilot 코파일럿 AI를 활용하여 오늘 배울 내용을 미리 알아보아요!

마이크로소프트 Clipchamp의 사용법에 대해 초등학생이 이해하기 쉽게 설명해 주세요.

프롬프트 엔지니어를 위한 문해력 키우기

사고력 확장 사과한 이유를 생각해 보세요.

아래 문장이 자연스럽게 이어지도록 할 말은 무엇일까요?
'나는 동생과 다퉜다. (　　　　) 그래서 먼저 사과했다.'

그래도 사이좋게 지내고 싶어서	동생이 잘못했으니까
절대 화해하고 싶지 않아서	친구가 보지 않았기 때문에

1 마이크로소프트 Clipchamp 앱을 실행해요.

① [시작(⊞)]-[Microsoft Clipchamp]를 클릭하여 Clipchamp 앱을 실행해요.

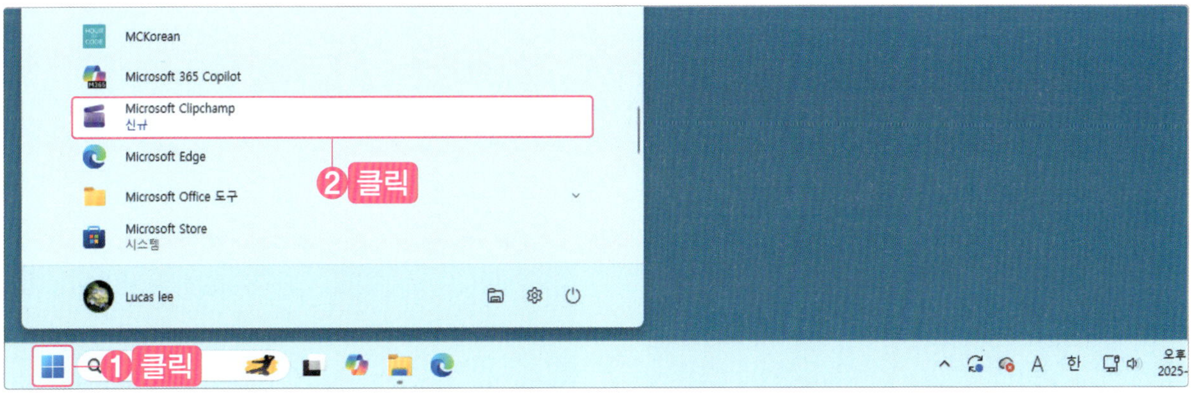

TIP

Clipchamp 앱이 설치되어 있지 않아요.

컴퓨터에 Clipchamp 앱이 설치되어 있지 않은 경우 [윈도우11]-[15차시] 폴더의 설치 파일(Microsoft Clipchamp Installer)을 더블클릭하여 설치 과정을 진행한 후 사용할 수 있어요.

2 새 동영상에 미디어 파일을 불러와요.

❶ Clipchamp 앱이 실행되면 [새 동영상 만들기]를 클릭해요.

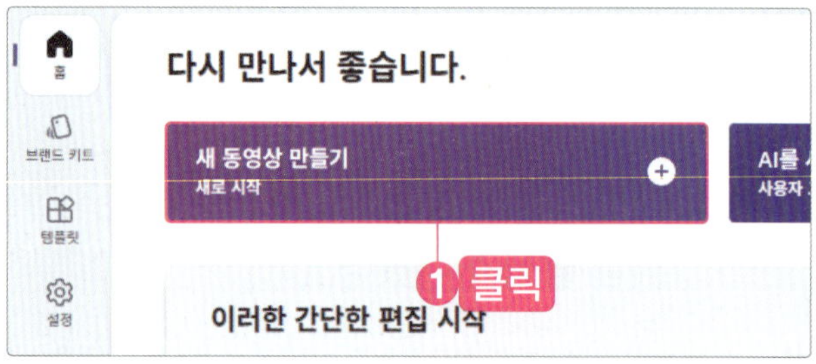

❷ 새 동영상의 이름(동영상 만들기)을 수정한 후 [사용자 미디어] 탭의 [미디어 가져오기]를 클릭한 다음 [15차시]-[불러올 파일] 폴더의 고양이 이미지와 동영상을 선택하고 [열기]를 클릭해요.

❸ 미디어 이미지와 동영상이 목록에 추가되면 미디어의 재생 순서에 맞게 클릭하여 순서를 지정한 후 드래그하여 타임라인 안에 넣어요.

3 동영상 화면 크기 및 이미지 크기를 변경해요.

❶ 동영상 화면의 크기를 수정하기 위해 [크기]-[넓게 16:9]를 선택해요.

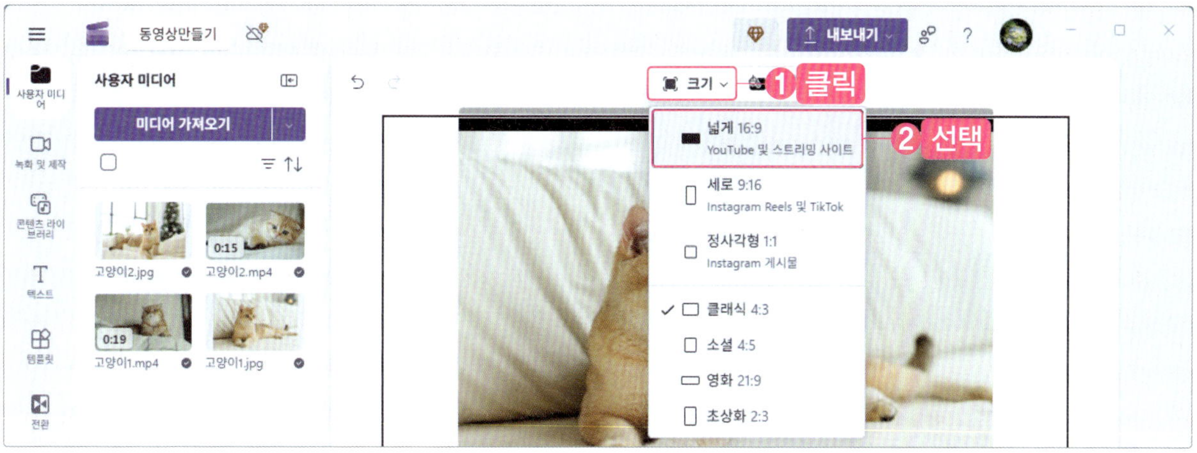

❷ 동영상 화면의 크기가 변경되면 고양이1 이미지와 고양이2 이미지를 화면 크기에 맞게 이미지 크기를 선택한 후 모서리를 드래그하여 크기를 수정해요.

4 화면 전환 효과를 지정하고 저장해요.

❶ 화면 전환 효과를 지정하기 위해 [전환] 탭을 클릭한 후 원하는 전환 효과를 드래그하여 지정해요.

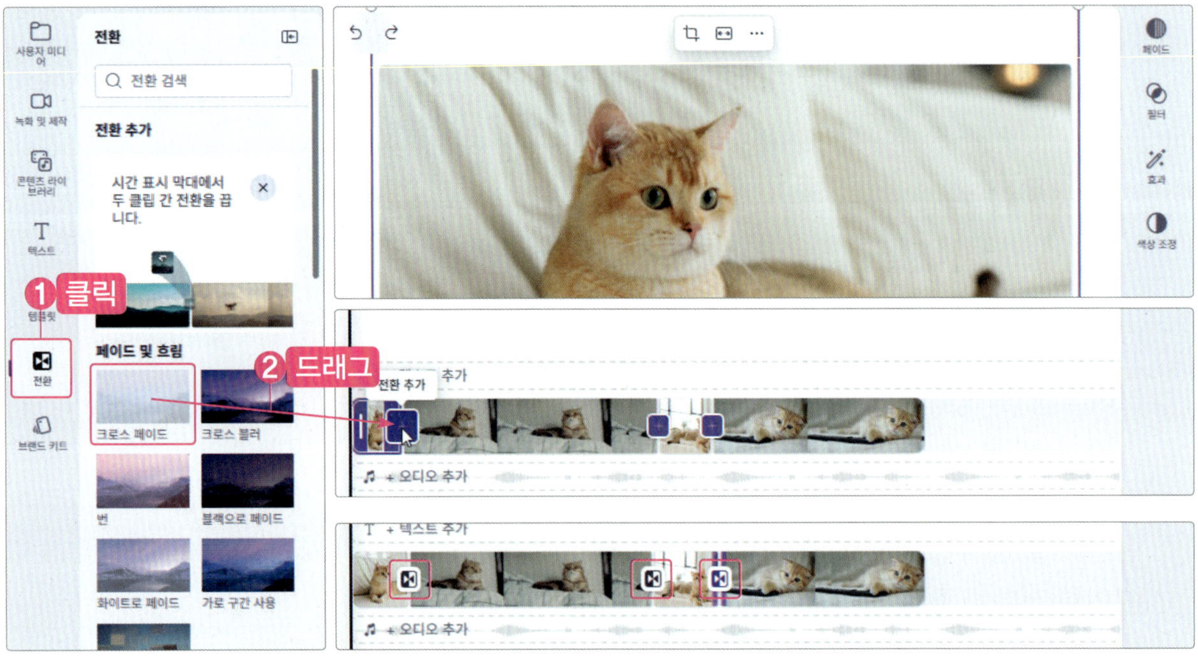

❷ 완성된 동영상의 [재생(▶)]을 눌러 확인해 본 후 [내보내기]-[720]을 클릭하여 [다운로드] 폴더에 저장해요.

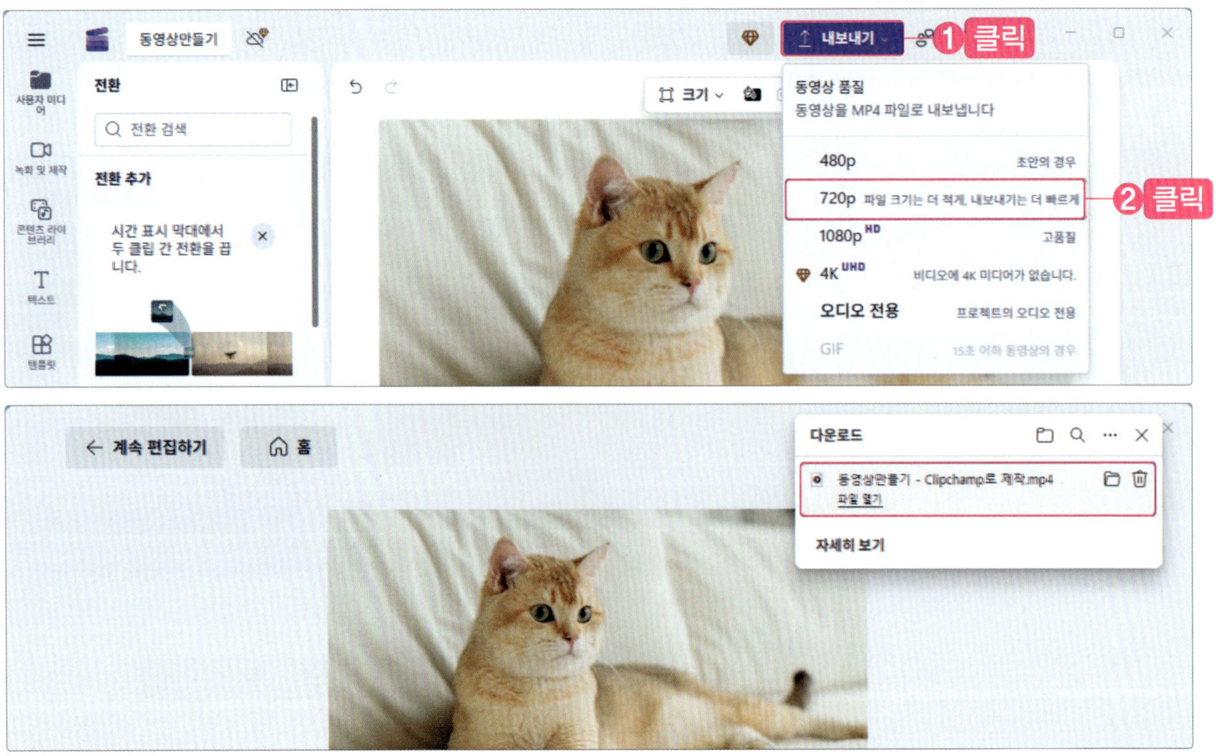

CHAPTER 15

톡톡 학습

AI 천재로 가는 길!

AI 챗봇으로 물어보기

Copilot 코파일럿 AI를 활용하여 아래의 내용을 미리 알아보아요!

Clipchamp 앱에서 화면 전환 효과의 종류에 대해 쉽게 설명해 주세요.

01 동영상 편집 앱(Clipchamp)을 이용하여 새로운 동영상 편집 및 저장을 해 보아요.

- 미디어 가져오기 : 강아지1의 이미지와 동영상 → 강아지2 이미지와 동영상 순서로 추가
- 동영상 화면의 크기(16:9) 지정 및 이미지의 크기 화면 크기에 맞게 조정
- 미디어 파일 마다 임의의 화면 전환 효과 지정 후 '강아지동영상.mp4' 파일로 저장

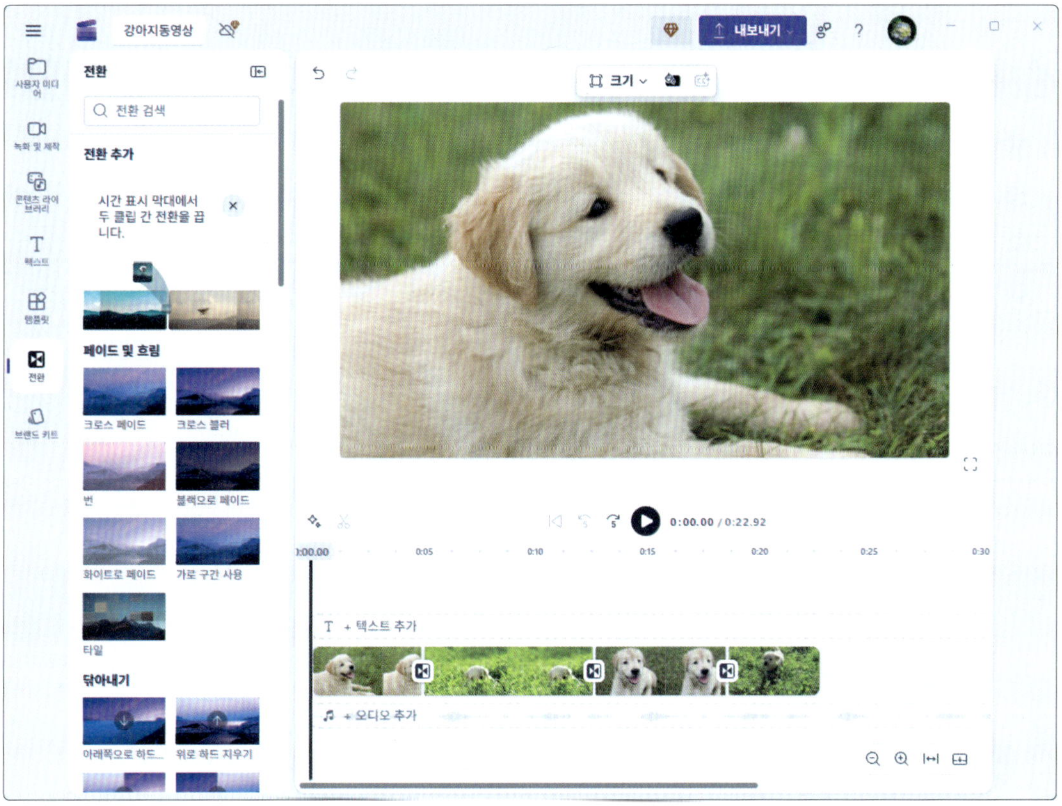

CHAPTER 16

동영상 수정 방법을 알아보자!

학습 목표

- 동영상에 텍스트 추가 방법을 알 수 있어요.
- 동영상에 배경음악을 추가하는 방법에 대해 알 수 있어요.

핵심 정리 배울 내용을 알아 보아요

Clipchamp에서 텍스트 추가 방법은 무엇인가요?

❶ [텍스트] 탭을 클릭한 후 원하는 텍스트 스타일을 선택해요.
❷ 타임라인에 선택한 텍스트 스타일을 끌어다 놓아요.
❸ 타임라인에 추가된 텍스트 상자에서 시작 시간과 경과 시간의 크기를 드래그하여 수정해요.
❹ 텍스트 내용 및 글꼴, 글자 크기, 색상 등을 수정해요.

Clipchamp에서 배경 음악의 삽입 방법은 무엇인가요?

❶ [콘텐츠 라이브러리] 탭을 클릭한 후 [음악]을 클릭해요.
❷ 음악의 컬렉션 목록에서 원하는 음악을 선택하여 음악을 들어봐요.
❸ 타임라인으로 드래그하여 음악의 재생할 시작 시간 위치로 이동해요.
❹ 음악을 선택한 후 필요한 만큼 자르기 및 페이드 인/페이드 아웃 효과를 지정해요.

AI 챗봇으로 물어보기

Copilot **코파일럿 AI를 활용하여 오늘 배울 내용을 미리 알아보아요!**

Clipchamp에서 동영상의 텍스트 추가 및 배경 음악의 삽입 방법에 대해 쉽게 설명해 주세요.

프롬프트 엔지니어를 위한 문해력 키우기

뜻맞히기 사실을 솔직하게 받아들이는 것이 무엇인지 생각해 보세요.

아래 문장에 나타난 '인정하다'의 뜻은 무엇일까요?
'모두가 그의 재능을 인정했다'

틀렸다고 우기다	사실이나 옳음을 받아들이다
모른 척하다	거짓말하다

1 마이크로소프트 Clipchamp 앱을 실행해요.

❶ [Clipchamp] 앱을 실행한 후 이전에 작업한 [동영싱만들기] 파일을 불러와요.

TIP

Clipchamp 앱에서 작업한 동영상 파일은 어떻게 불러오나요?

- Clipchamp에서는 별도의 저장 버튼을 누를 필요 없이 자동으로 저장되어 [홈] 화면 아래에 [귀하의 동영상] 목록에서 선택하여 해당 파일을 불러올 수 있어요.
- 여러 사람이 사용하여 불러오기 어려운 경우 [새 동영상 만들기]를 클릭한 후 [16차시]-[불러올 파일] 폴더에서 '동영상만들기.mp4' 파일을 불러와 사용해도 돼요.

2 동영상에 텍스트를 넣어요.

❶ 텍스트 상자를 삽입하기 위해 [텍스트] 탭의 텍스트 스타일 항목에서 원하는 스타일을 선택한 후 내용을 입력하고 글꼴 서식을 수정해요. 같은 방법으로 텍스트를 추가해요.

↳ 우리집 귀염둥이 - 글꼴(Impact) 및 글꼴 크기(60), 꽁냥이 - 글꼴(Gasoek One) 및 글꼴 크기(77)

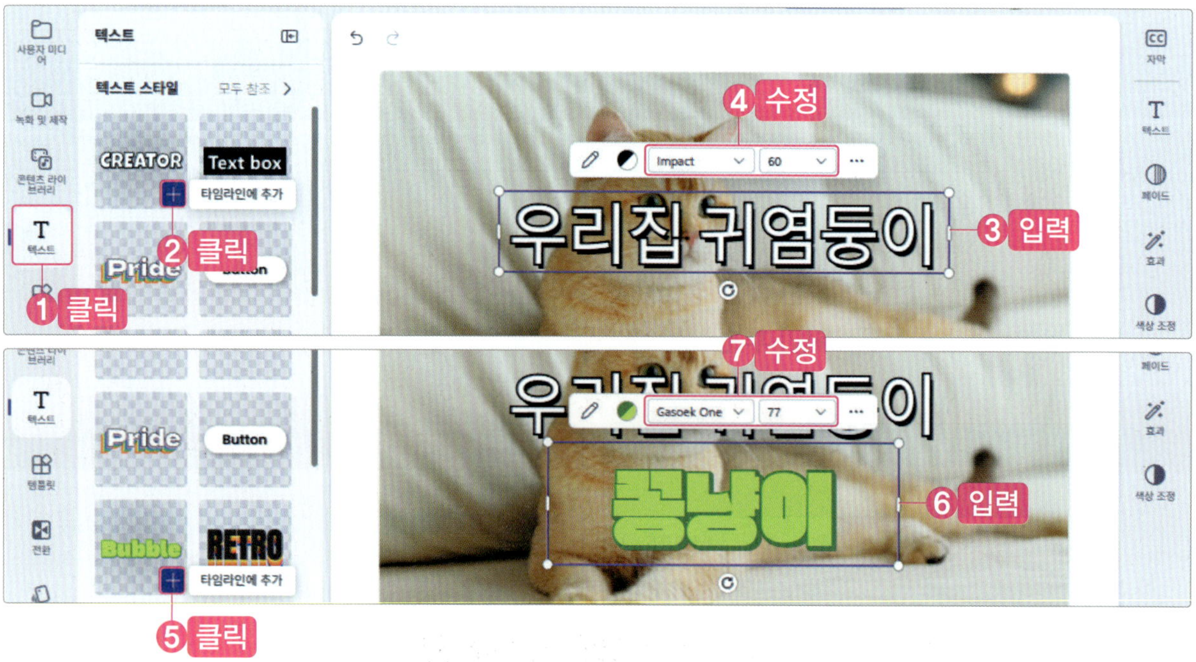

❷ 타임라인의 두 번째 사진 위치에도 같은 방법으로 텍스트를 삽입하고 내용을 수정해요.

↳ 타임라인의 첫 번째 사진에 위치한 텍스트 상자를 선택한 후 복사(Ctrl+C)한 다음 두 번째 사진 위치에서 붙여넣기(Ctrl+V)하면 쉽게 삽입할 수 있어요.

3 동영상에 배경 음악을 추가해요.

❶ [콘텐츠 라이브러리] 탭의 [음악]을 클릭한 후 음악 목록에서 원하는 음악 항목을 클릭해요.

❷ 음악 목록에서 원하는 음악을 선택한 후 [타임라인에 추가]를 클릭해요.

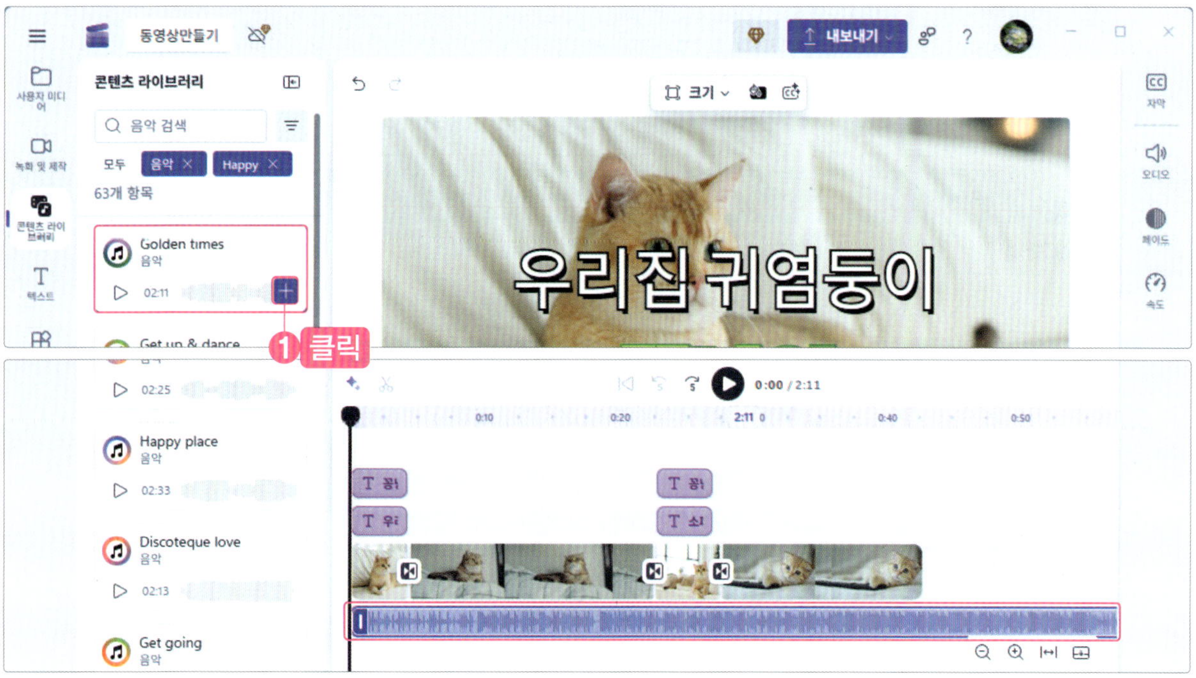

TIP

음악을 재생하여 확인하려면 어떻게 하나요?

음악 리스트에서 재생하고자 하는 음악의 재생(▶)을 클릭하면 음악이 재생되며, 중지(❚❚)를 클릭하면 멈춰요.

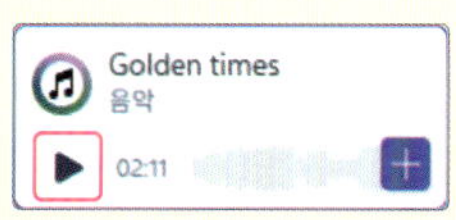

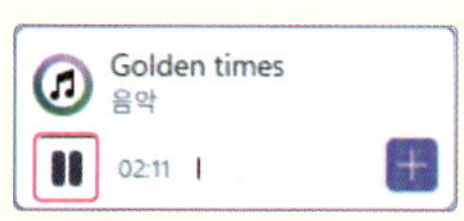

③ 동영상의 마지막 위치로 이동한 후 음악을 선택하고 [자르기(✂)]를 클릭하여 음악을 자른 후 뒷쪽 음악을 선택한 다음 Delete를 눌러 삭제, 동영상 길이에 맞춰 음악의 길이를 수정해요.

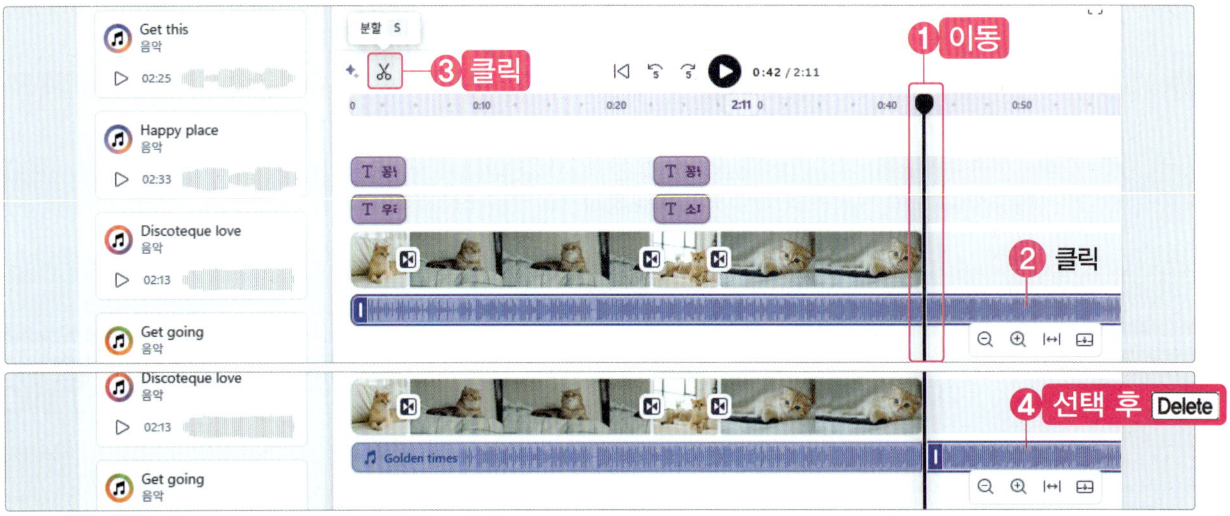

④ [페이드]를 클릭한 후 페이드 인(0.5)과 페이드 아웃(0.5)을 수정하여 음악이 조금씩 커지면서 재생되어 동영상이 끝날때 조금씩 작아지면서 종료하도록 수정해요.

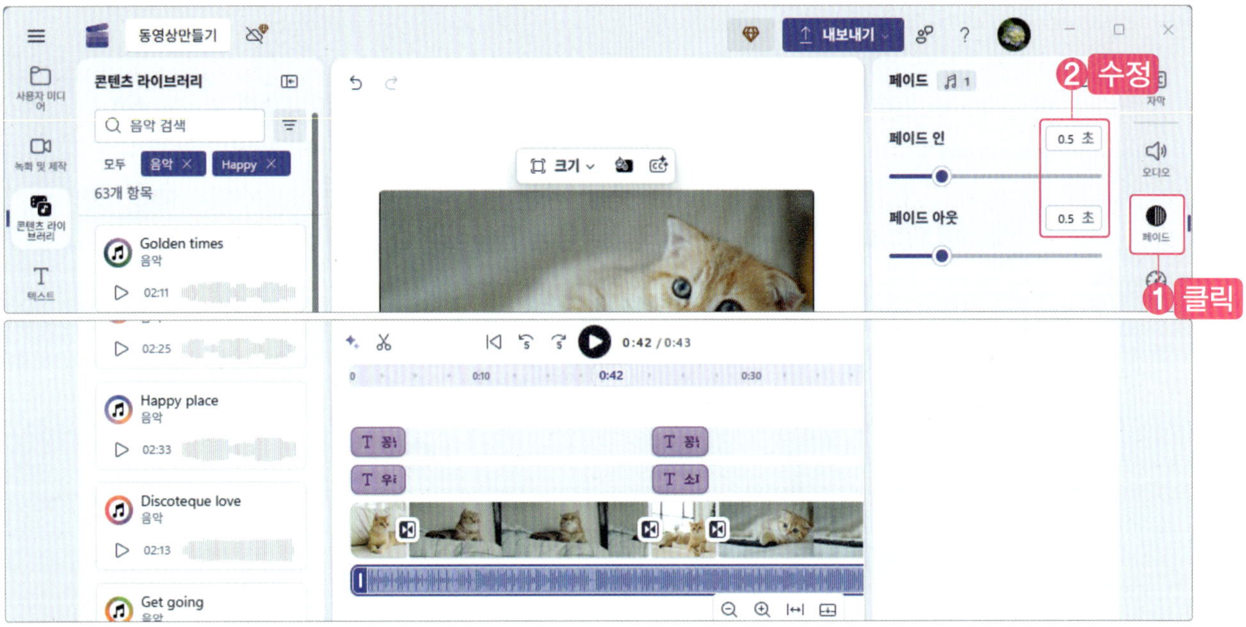

TIP

페이드 인 및 페이드 아웃 효과란 무엇인가요?

- **페이드 인** : 음악이 조금씩 커지면서 들리기 시작하는 효과에요.
- **페이드 아웃** : 음악이 조금씩 작아지면서 종료되는 효과에요.

⑤ 완성된 동영상을 [재생(▶)]을 눌러 확인해 본 후 [내 보내기]-[720]을 클릭하여 [다운로드] 폴더에 저장해요.

CHAPTER 16 톡톡 학습

AI 천재로 가는 길!

AI 챗봇으로 물어보기

Copilot 코파일럿 AI를 활용하여 아래의 내용을 미리 알아보아요!

Clipchamp 앱에서 배경 음악의 페이드 인과 페이드 아웃 효과에 대해 쉽게 설명해 주세요.

01 동영상 편집 앱(Clipchamp)을 이용하여 동영상에 텍스트 및 배경 음악을 추가해 보세요.

- 미디어 가져오기 : 강아지동영상
- 텍스트 추가 : 이미지의 위치에 임의의 내용 입력 및 글꼴 서식을 수정
- 배경 음악 추가 : 임의의 배경 음악을 추가하고 동영상 크기에 맞게 자르기, 페이드인/페이이 아웃(1)

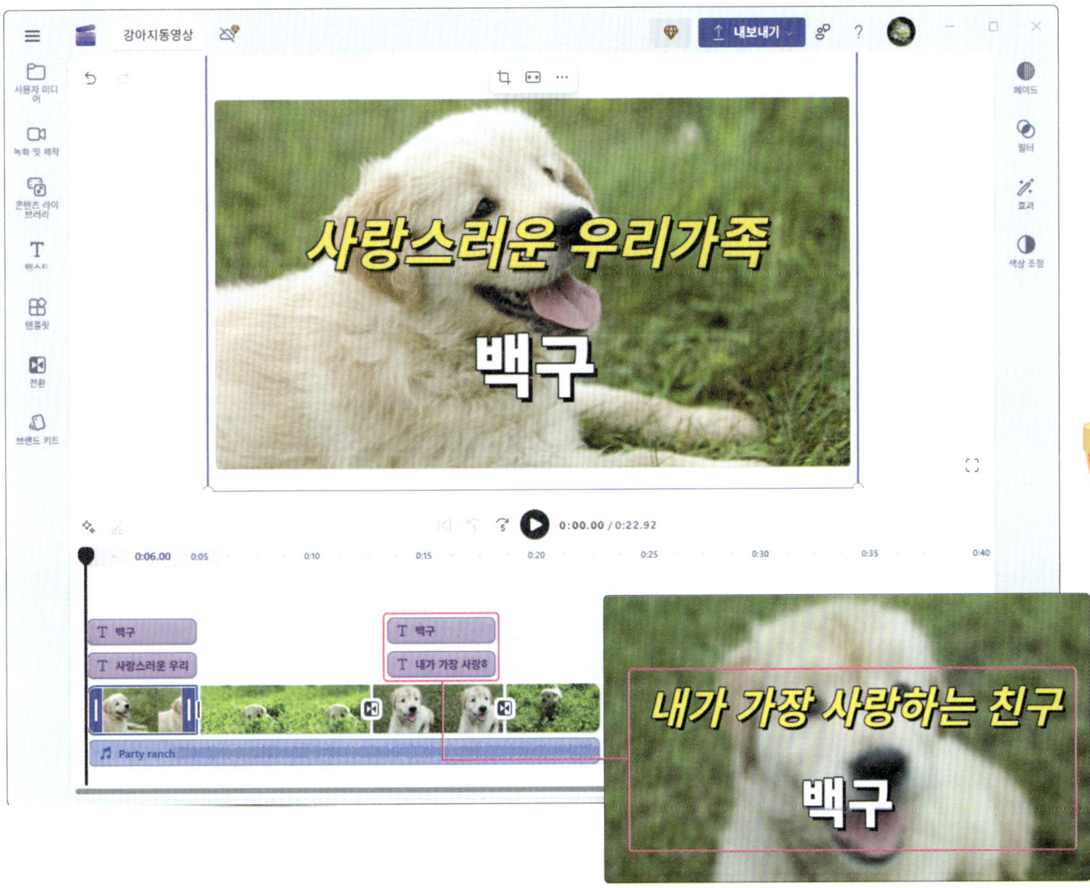

CHAPTER

17 인터넷 길찾기의 사용법을 알아보자!

학습 목표

- 인터넷 길찾기의 사용법을 알 수 있어요.
- 길찾기 이미지 정보의 저장 방법을 알 수 있어요.

핵심 정리 배울 내용을 알아 보아요

인터넷 길찾기란 무엇인가요?

인터넷 길찾기는 길을 찾아가는 방법을 도와주는 안내 지도를 말해요.
출발지와 도착지를 입력하고 길찾기 버튼을 누르면 버스, 지하철, 자동차 또는 걸어서 가는 방법 등을 쉽고 빠르게 알려주죠.

인터넷 길찾기의 사용법은 무엇인가요?

❶ 네이버 지도의 길찾기로 이동해요.
❷ 출발지를 검색하고 목록에서 출발을 눌러요.
❸ 도착지를 검색하고 목록에서 도착을 눌러요.
❹ 대중교통, 자동차, 도보, 자전거 중에서 이동 방법을 선택해요.

AI 챗봇으로 물어보기

Copilot 코파일럿 AI를 활용하여 오늘 배울 내용을 미리 알아보아요!

네이버 지도를 이용한 길찾기의 사용 방법에 대해 쉽게 설명해 주세요.

프롬프트 엔지니어를 위한 문해력 키우기

문맥 속 단어고르기 긍정적인 말, 잘 할 수 있다는 느낌을 생각해 보세요.

'이 문제는 한 번 더 읽어 보면 ______ 해결할 수 있을 거야.'
이 때, 밑줄에 들어갈 알맞은 말은 무엇일까요?

- 어렵게
- 충분히
- 엉뚱하게
- 서둘러

1 인터넷 엣지에서 네이버 지도로 이동해요.

❶ 작업 표시줄의 [인터넷 엣지( )]를 클릭한 후 주소 입력란에 '네이버'를 입력하고 Enter를 눌러요. 검색 결과에 [네이버(NAVER)]를 클릭 후 네이버 홈페이지에서 [지도]를 클릭해요.

2 지도를 이용해서 가고 싶은 길을 찾아요.

❶ [네이버 지도] 페이지에서 [길찾기]를 클릭한 후 출발지(서강초등학교)를 입력한 다음 Enter를 눌러 장소를 검색하고 [출발]을 클릭해요.

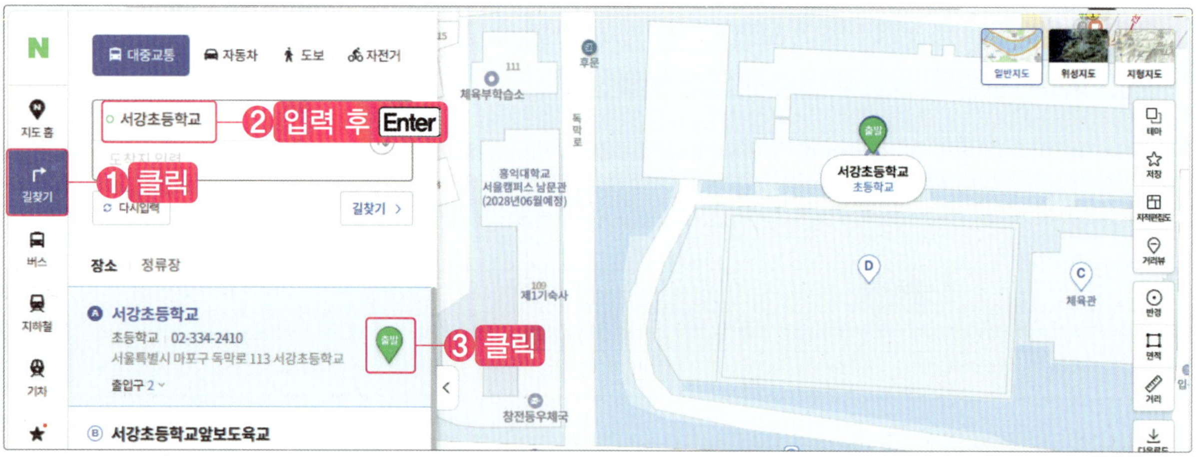

❷ 같은 방법으로 도착지(롯데월드 어드벤처)를 입력한 후 Enter를 눌러 도착지를 검색하고 [도착]을 클릭한 다음 [길찾기]를 클릭하면 길찾기 정보가 표시돼요.

3 최적의 경로 및 상세보기를 이용해요.

❶ 길찾기의 교통 수단(대중교통)을 선택한 후 목록에서 최적의 경로에 [상세보기]를 클릭해요.

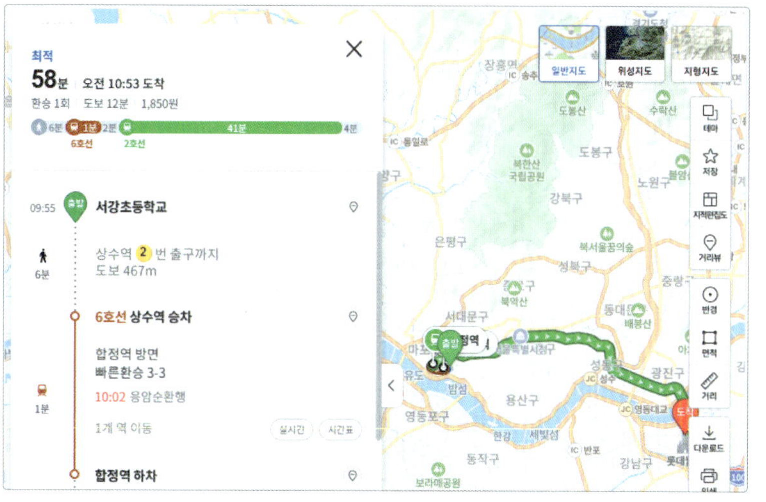

❷ 상세보기 화면이 표시되면 잘 모르는 경로를 클릭하여 좀 더 자세한 정보를 확인할 수 있어요.

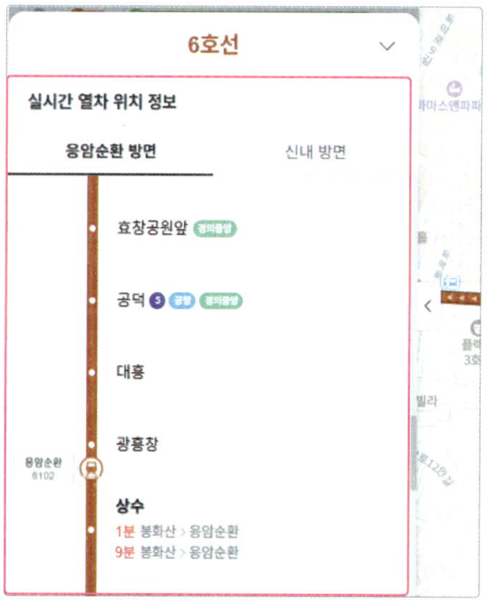

알고 넘어가요!

경로의 실제 거리는 어떻게 확인할까요?

길찾기의 상세보기에서 거리뷰(⊙)를 클릭하면 실제 거리를 확인할 수 있어요.

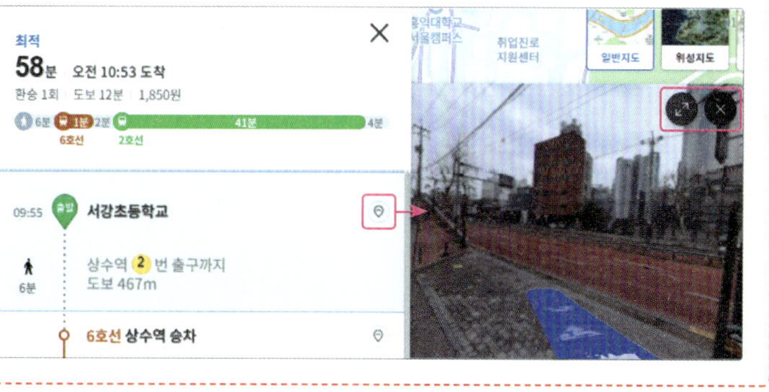

4 길찾기 정보를 이미지로 저장해요.

❶ 네이버 지도에서 길찾기 경로를 크게 확대한 후 [다운로드]를 클릭해요.

❷ 다운로드가 이루어지면 화면 위쪽에 [다운로드(⭳)]-[폴더에 표시(🗀)]를 클릭하여 저장된 파일의 경로를 확인할 수 있어요.

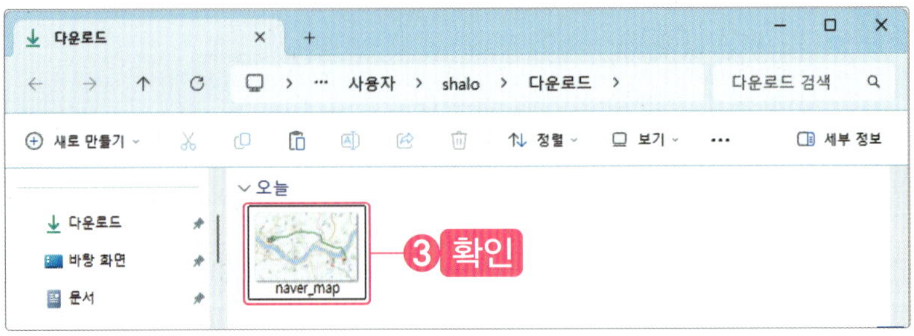

CHAPTER 17

톡톡 학습

AI 천재로 가는 길!

AI 챗봇으로 물어보기

Copilot 코파일럿 AI를 활용하여 아래의 내용을 미리 알아보아요!

네이버 지도에서 버스 및 지하철 노선을 검색하는 방법에 대해 쉽게 설명해 주세요.

01 네이버 지도에서 버스의 노선을 검색하고 버스의 현재 위치를 알아 보세요.

네이버 지도에서 [버스]를 클릭한 후 버스 번호를 입력하여 검색해요.

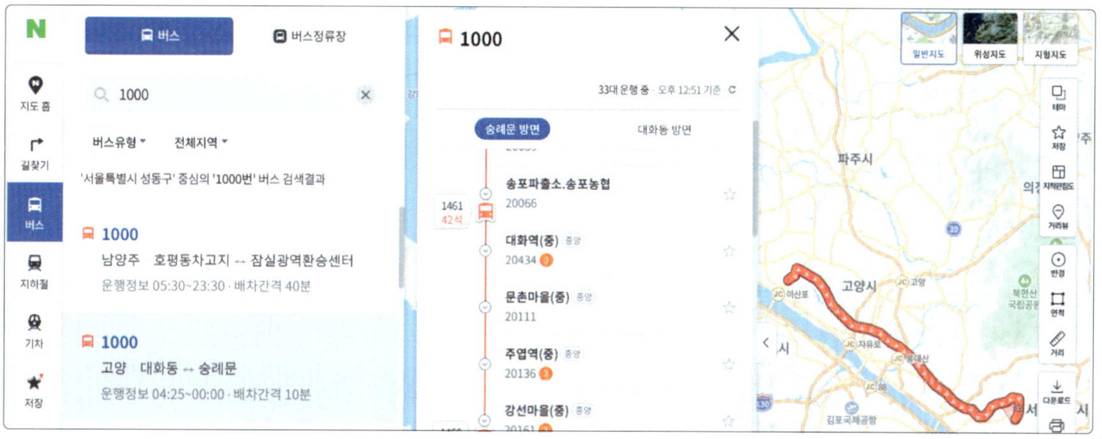

02 네이버 지도에서 지하철 노선을 검색해 보세요.

네이버 지도에서 [지하철]을 클릭한 후 출발역과 도착역을 입력한 다음 [지하철 길찾기]를 클릭해요.

CHAPTER 18

구글 어스의 사용법을 알아보자!

학습 목표

- 구글 어스의 기능을 알 수 있어요.
- 구글 어스로 지역의 과거 모습을 알 수 있어요.

핵심 정리 배울 내용을 알아 보아요

구글어스란 무엇인가요?

구글 어스는 컴퓨터 속 지구본을 의미해요.
집에서 지구의 어디든지 여행하듯 볼 수 있는 특별한 지도를 말하죠.
위성에서 찍은 사진과 3D 그림을 이용해서 지구의 모습을 자세히 보여줄 수 있어요.

구글어스의 기능은 무엇이 있나요?

- **스트리트 뷰** : 길거리 사진을 직접 걸어 다니듯 볼 수 있어요.
- **3D 보기** : 건물이나 산을 입체적으로 볼 수 있어서 실제처럼 느껴져요.
- **탐험하기** : 바다, 산, 도시 등 세계 곳곳을 클릭만으로 탐험할 수 있어요.

AI 챗봇으로 물어보기

Copilot **코파일럿 AI를 활용하여 오늘 배울 내용을 미리 알아보아요!**

구글 어스를 이용한 지도 보기의 사용 방법에 대해 쉽게 설명해 주세요.

프롬프트 엔지니어를 위한 문해력 키우기

유사·반대어 찾기 틀림 없이 맞는다는 것을 생각해 보세요.

'정확하다'와 비슷한말은 무엇일까요?

틀리다	어림잡다
건성이다	올바르다

1 인터넷 엣지에서 구글 어스로 이동해요.

① 작업 표시줄의 [인터넷 엣지( )]를 클릭한 후 주소 입력란에 '구글어스'를 입력하고 Enter를 눌러요. 검색 결과에 [Google Earth]를 클릭하여 Google 어스로 이동해요.

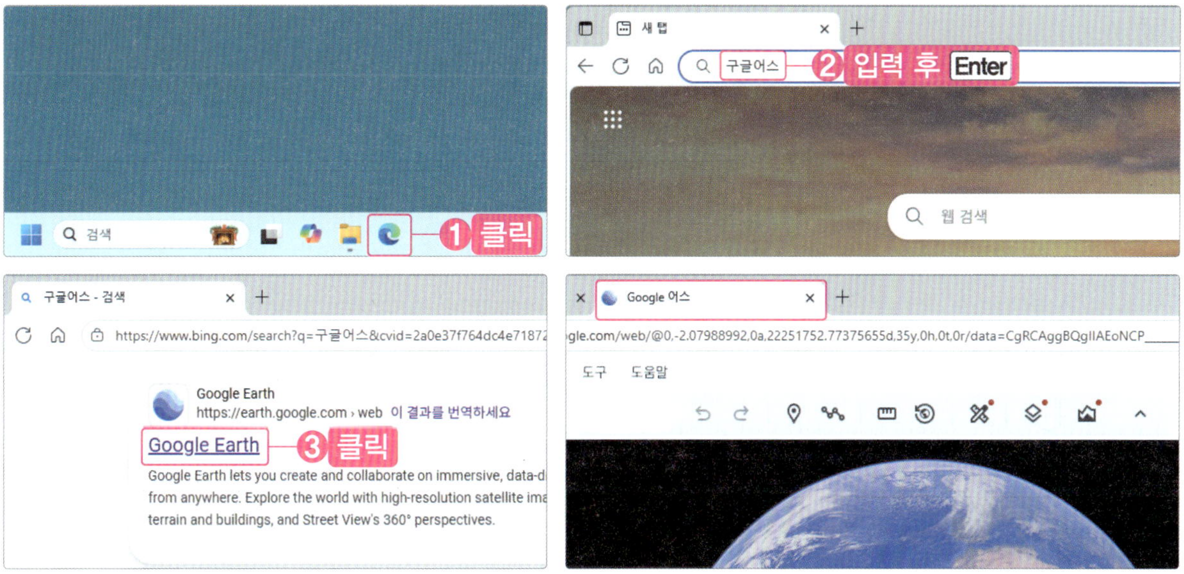

2 구글 어스로 가고 싶은 곳을 찾아봐요.

❶ 구글 어스의 검색란에 검색어(파리 에펠탑)를 입력한 후 Enter를 눌러 찾고 싶은 곳을 검색해요.

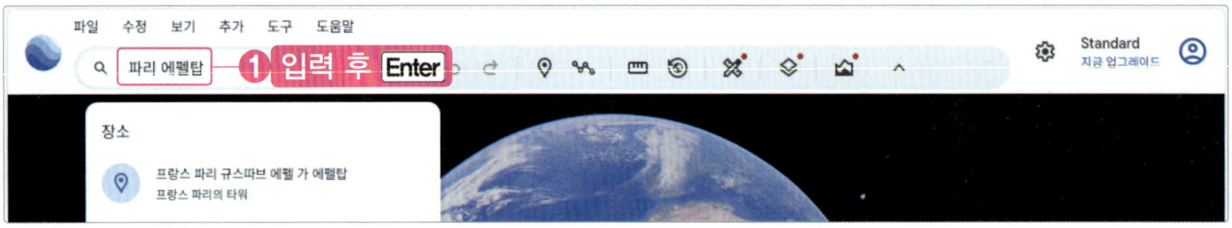

❷ 파리 에펠탑 위치가 나타나면 마우스의 휠을 돌려 확대 및 축소, 왼쪽 단추를 누르고 드래그하여 방향 이동, 그리고 휠을 누르고 드래그하여 회전 및 기울기를 바꾸면서 에펠탑을 감상해요.

TIP

지도를 움직이는 마우스의 버튼을 알아볼까요?

- **왼쪽 단추를 드래그** : 지도를 왼쪽/오른쪽/위로/아래로 움직일 수 있어요.
- **오른쪽 단추 또는 휠을 드래그** : 화면을 회전하거나 기울여서 보는 각도를 바꿀 수 있어요.
- **휠을 누르고 드래그** : 화면을 확대하거나 축소할 수 있어요.

알고 넘어가요!

구글 어스의 구성 요소를 알아볼까요?

❶ **스트리트 뷰** : 거리 수준의 360도 뷰를 볼 수 있어요.
❷ **내 위치 보기** : 내 위치를 볼 수 있어요.
❸ **3D 보기** : 지형을 입체적으로 볼 수 있어요.
❹ **나침반** : 지도의 북쪽을 재설정하거나 회전시킬 수 있어요.
❺ **확대/축소** : 지도를 확대/축소할 수 있어요.

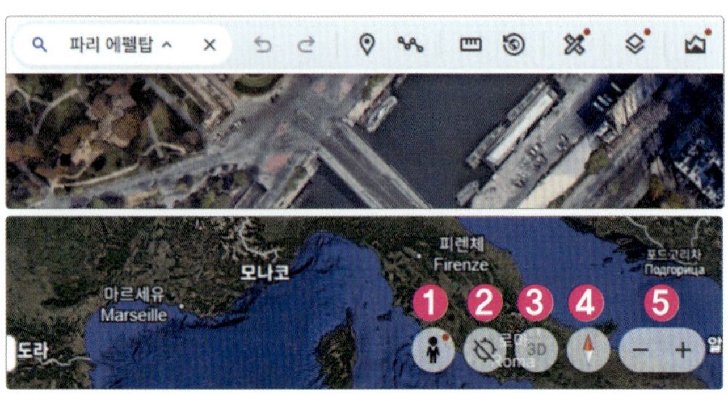

3 구글 어스에서 거리를 감상해요.

❶ 구글 어스에서 검색어(센트럴파크 동물원)를 입력하여 해당 위치로 이동해요.

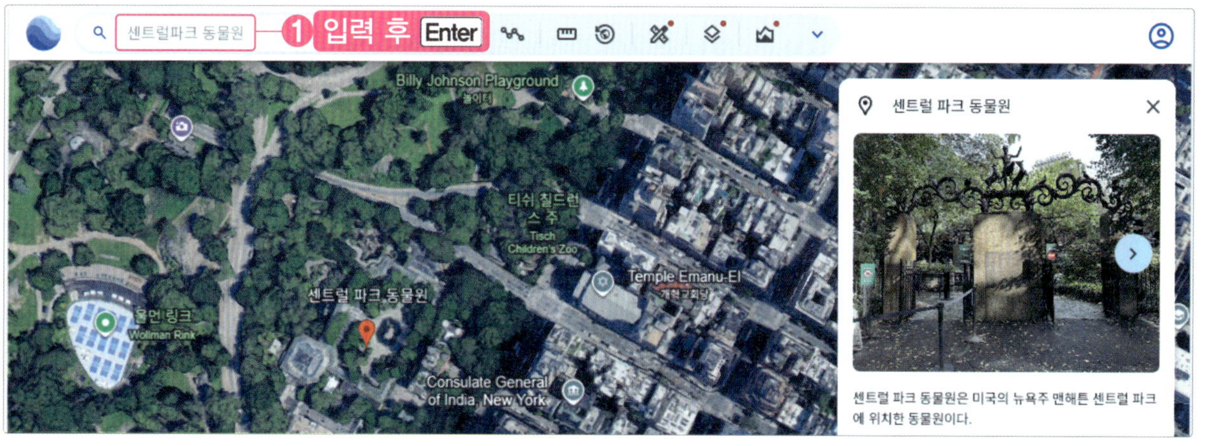

❷ [스트리트 뷰( )]를 클릭하면 길이 파란색으로 표시되며, [스트리트 뷰( )]를 원하는 위치로 드래그해요.

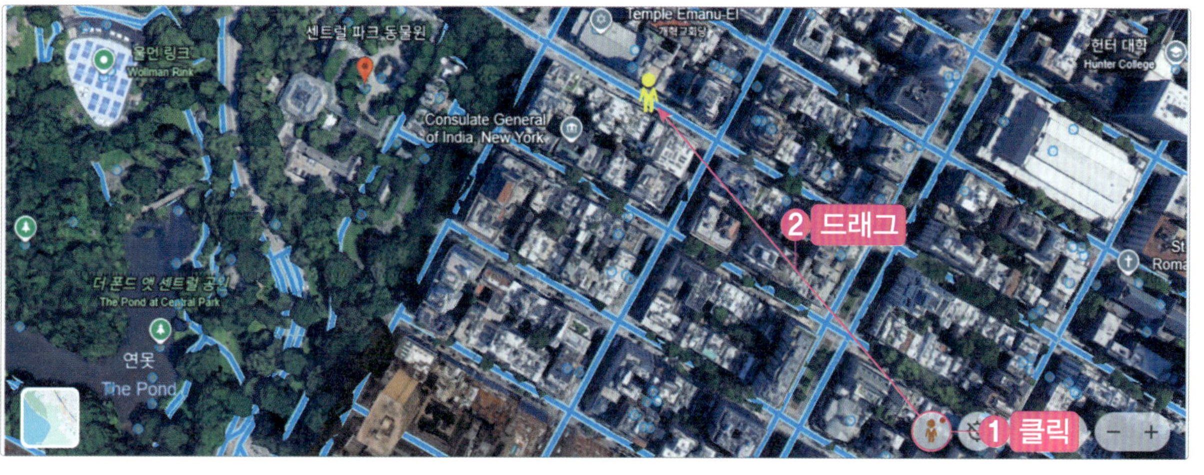

❸ 거리 모습이 보이면 바닥의 화살표를 클릭하면서 가고 싶은 곳으로 이동, 거리를 감상해요.

4 구글 어스에서 과거의 모습을 확인해요.

❶ 검색어(성 베드로 대성전)을 입력하여 원하는 곳으로 이동한 후 [보기]-[과거 이미지 표시하기]를 클릭해요.

❷ 연도 표시가 나타나면 원하는 연도로 드래그하여 해당 연도의 과거 모습을 확인해요.

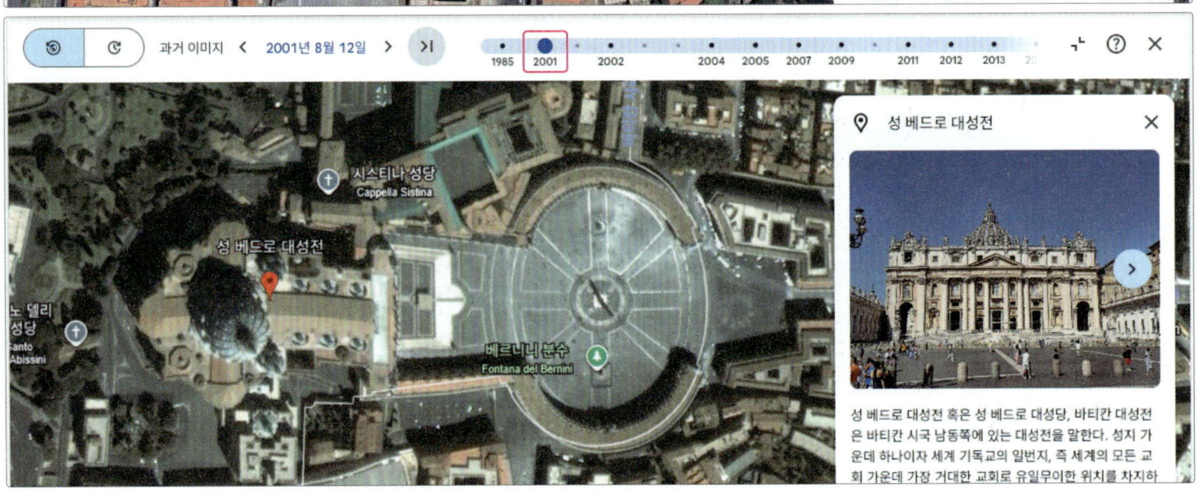

CHAPTER 18 톡톡 학습

AI 천재로 가는 길!

AI 챗봇으로 물어보기

Copilot **코파일럿 AI를 활용하여 아래의 내용을 미리 알아보아요!**

구글 어스에서 거리를 측정하는 방법에 대해 쉽게 설명해 주세요.

01 구글 어스에서 광화문의 모습을 확인해 보아요.

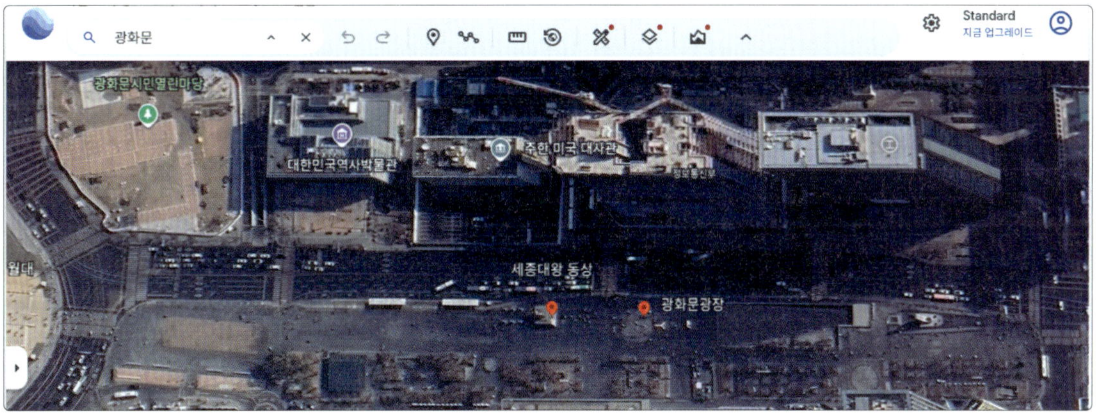

02 서울광장에서 광화문까지의 거리를 측정해 보아요.

↳ [거리 및 면적 측정(📏)]을 클릭한 후 시작점(서울광장)과 종료점(광화문)을 순서대로 클릭해요.

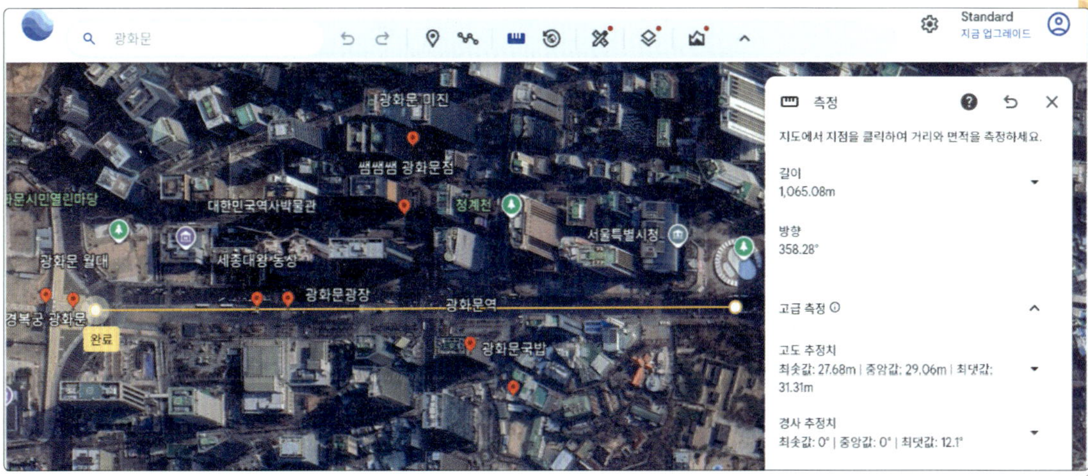

CHAPTER 19

인공지능과 번역기를 알아보자!

학습 목표

- 인공지능이 무엇인지 알 수 있어요.
- 파파고 번역기의 사용법을 알 수 있어요.

핵심 정리 배울 내용을 알아 보아요

인공지능이란 무엇인가요?

인공지능은 사람처럼 생각하고 행동하려고 만든 컴퓨터 프로그램이에요.
사람이 눈으로 보고, 귀로 듣고, 머리로 생각해서 행동하듯이 인공지능(AI)도 비슷하게 배우고 판단하고 문제를 해결할 수 있어요.

파파고 번역기란 무엇인가요?

파파고 번역기는 네이버에서 개발한 AI 기반의 다국어 번역 서비스를 말해요.
한국어, 영어, 일본어, 중국어 등 14개국 언어의 번역을 지원해요.
텍스트 및 음성, 이미지, 웹 사이트 등을 실시간으로 번역할 수 있어요.

AI 챗봇으로 물어보기

Copilot **코파일럿 AI를 활용하여 오늘 배울 내용을 미리 알아보아요!**

인공지능 채봇에 대해 쉽게 설명해 주세요.

프롬프트 엔지니어를 위한 문해력 키우기

올바른 용어 사용 작은 것이 모이면 어떻게 되는지 생각해 보세요.

'티끌 모아 태산'의 뜻 풀이로 알맞은 것은 무엇일까요?

작은 것도 모이면 큰 것이 된다	작은 일은 쓸데 없다
큰 일만 해야 한다	혼자 하는 일은 소용없다

1 인공지능 챗봇 뤼튼을 실행해요.

1. 작업 표시줄의 [인터넷 엣지( )]를 클릭한 후 주소 입력란에 '뤼튼'을 입력하고 Enter를 눌러요. 검색 결과에 [Wrtn - 뤼튼]을 클릭하여 뤼튼 페이지로 이동해요.

2 인공지능 챗봇 뤼튼과 대화를 해요.

1 AI 챗봇 뤼튼과 대화를 나누어요. 먼저, 텍스트 입력란에 '넌 누구니?'라고 입력하고 키보드의 Enter를 눌러요.

2 AI 챗봇 뤼튼이 답변한 내용을 확인해요.

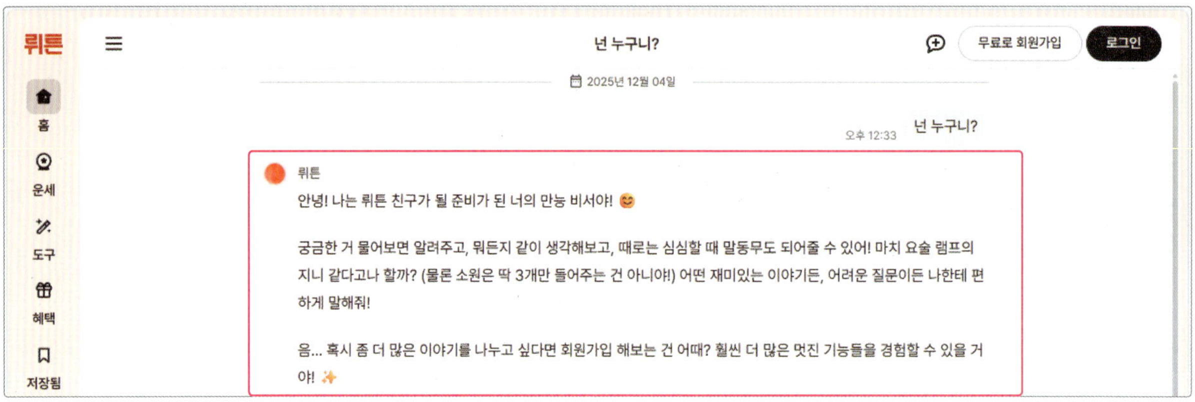

3 같은 방법으로 궁금한 내용을 입력하고 뤼튼의 답변을 확인해요.

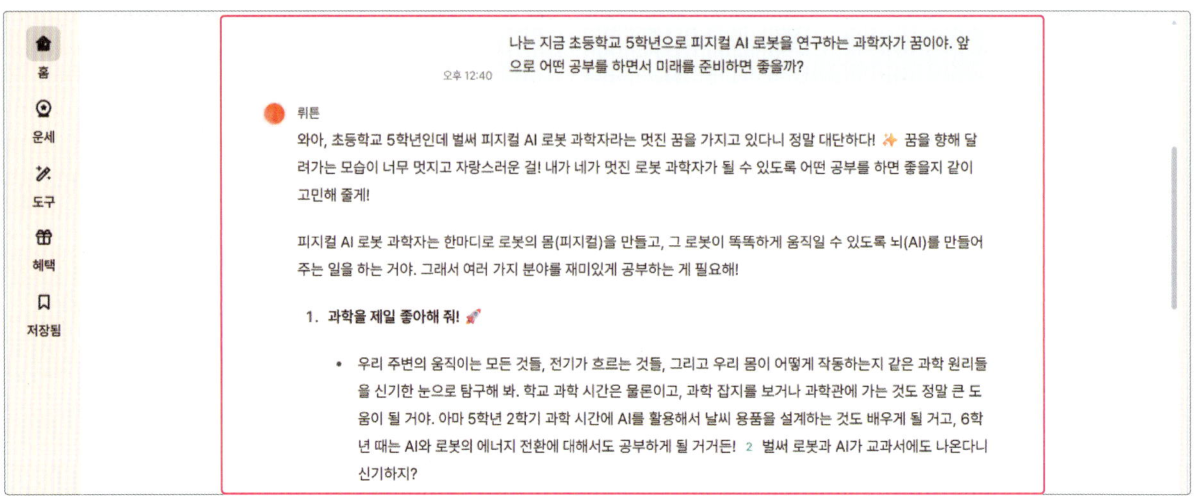

3 파파고 번역기로 문장을 번역하고 AI로 이미지를 생성해요.

① 인터넷 엣지의 주소 입력란에 '네이버 파파고'를 입력하고 Enter를 눌러요. 검색 결과에 [Papago]를 클릭하여 파파고 번역 페이지로 이동해요.

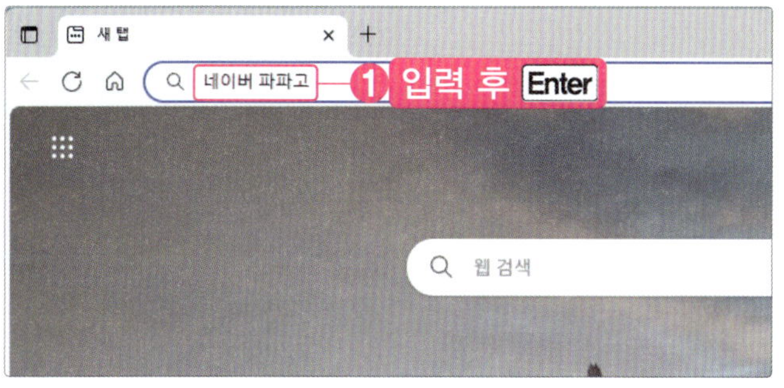

② 파파고 화면에서 한국어 검색어를 입력한 후 영어로 번역한 다음 [복사(▤)]를 클릭해요.

↳ 검색어 : 파란색 눈을 가진 러시안 블루 고양이를 그려주세요.

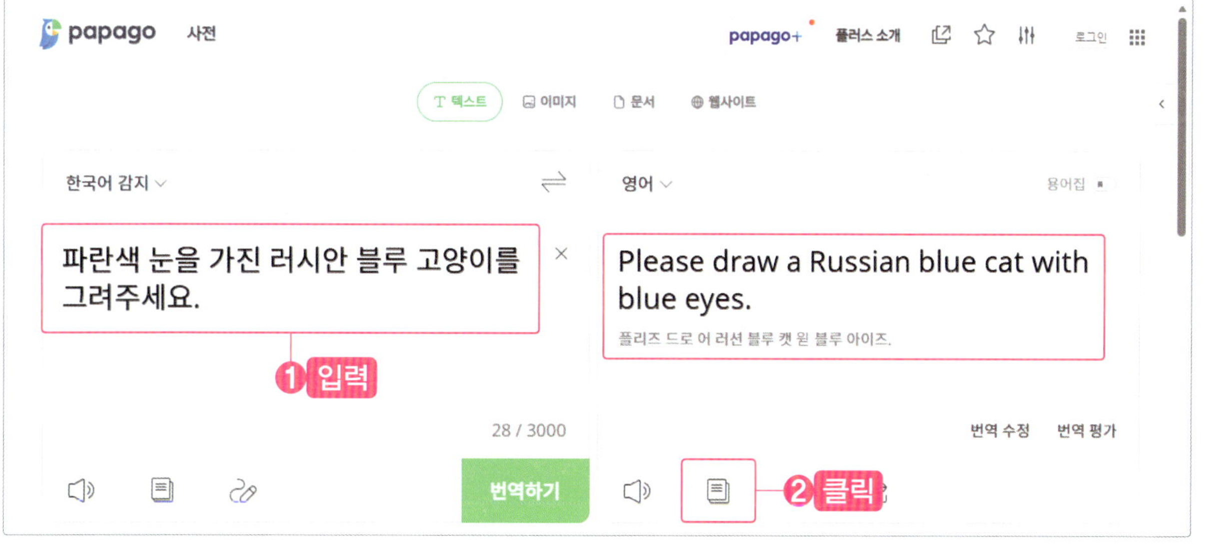

③ 인터넷 엣지의 새 탭(+)을 클릭한 후 검색어(ArtBot)를 입력하고 Enter를 눌러요. 검색 결과에 [ArtBot - ArtBot - AI로 이미지 생성하기]를 클릭하여 이동해요.

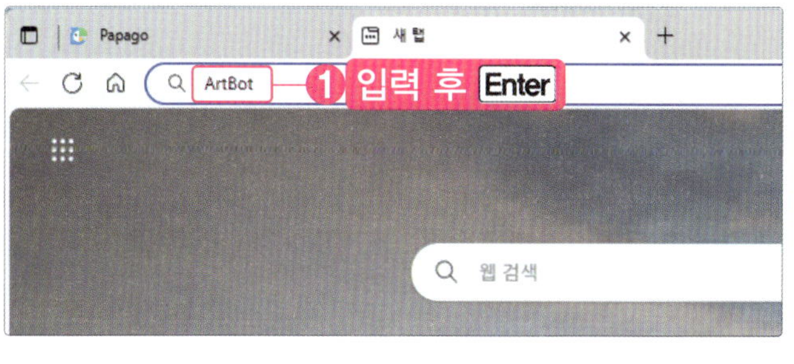

④ ArtBot의 [사이트 열기]를 클릭한 후 ArtBot 화면의 검색어 입력란에 복사한 내용을 붙여넣기(Ctrl+V)하여 검색어를 입력한 다음 [Create(생성)]를 클릭해요.

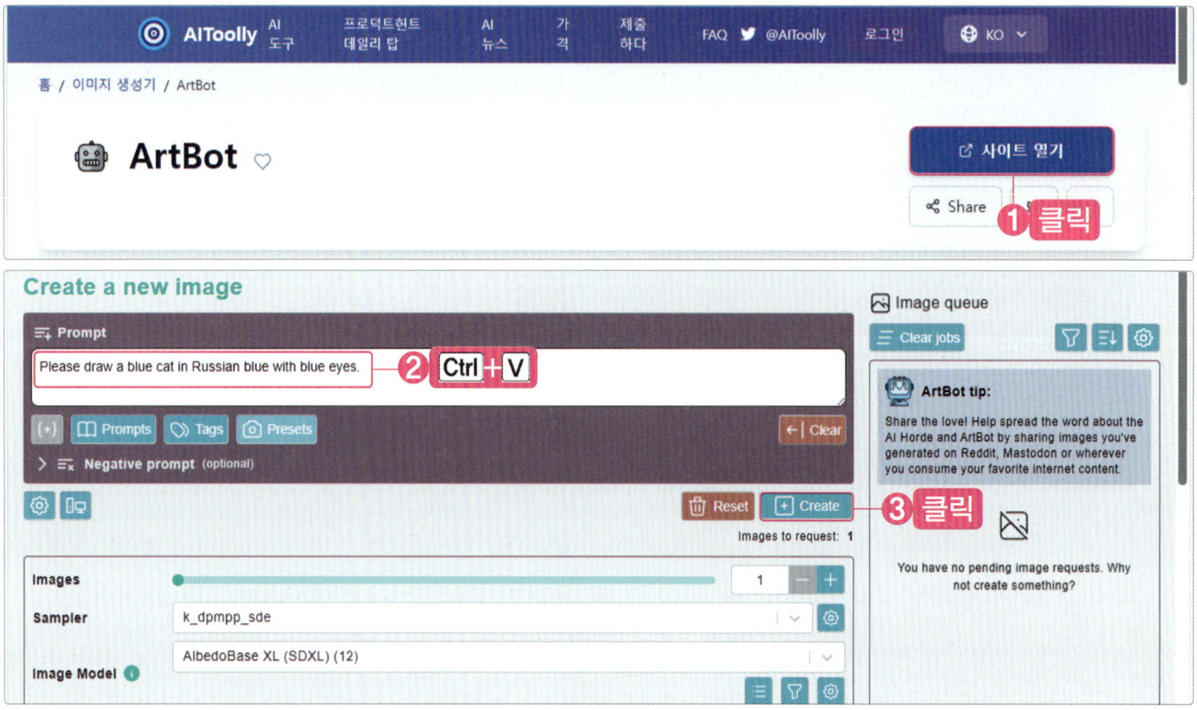

⑤ 검색어에 맞는 생성형 AI 이미지가 표시되며 클릭한 후 확대 이미지에서 저장할 수 있어요.

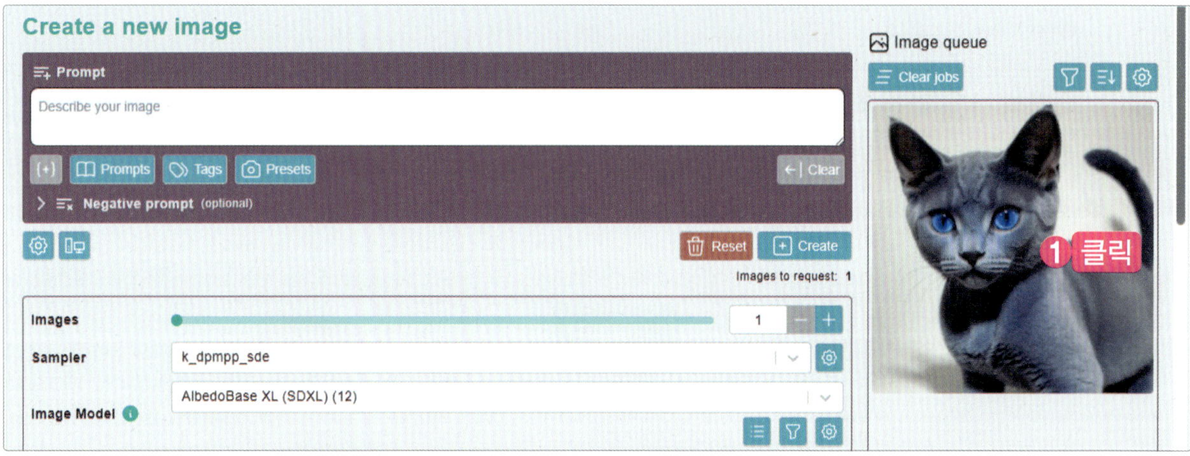

CHAPTER 19 톡톡 학습

AI 천재로 가는 길!

AI 챗봇으로 물어보기

Copilot **코파일럿 AI를 활용하여 아래의 내용을 미리 알아보아요!**

AI로 이미지를 생성하는 ArtBot의 이미지 생성 방법에 대해 쉽게 설명해 주세요.

01 네이버 파파고 번역기와 ArtBot을 이용하여 원하는 생성형 AI 이미지를 만들어 보세요.

한국어	영어
한여름 해변의 백사장에서 뛰어놀고 있는 강아지	Puppies running around on the white sand on the beach in midsummer 퍼피즈 러닝 어라운드 안 더 와잇 샌드 안 더 비치 인 미드서머

CHAPTER

20 코딩(Coding)을 알아보자!

학습 목표

- 코딩(Coding)이 무엇인지 알 수 있어요.
- 마인크래프트 모험가를 통해 코딩을 배울 수 있어요.

핵심 정리 배울 내용을 알아 보아요

코딩이란 무엇인가요?

코딩은 컴퓨터에게 일을 시키는 방법을 말해요.
캐릭터 및 로봇 등을 움직이게 하거나 화면에 글자를 보여주는 등 다양한 명령을 특별한 언어(프로그래밍 언어)로 쓰는게 바로 코딩이라고 할 수 있죠.

코딩을 배우는 이유는 무엇인가요?

다양한 장치를 조종하거나 게임, 앱 등을 만들 수 있어요.
문제를 해결하는 똑똑한 방법을 배울 수 있어요.

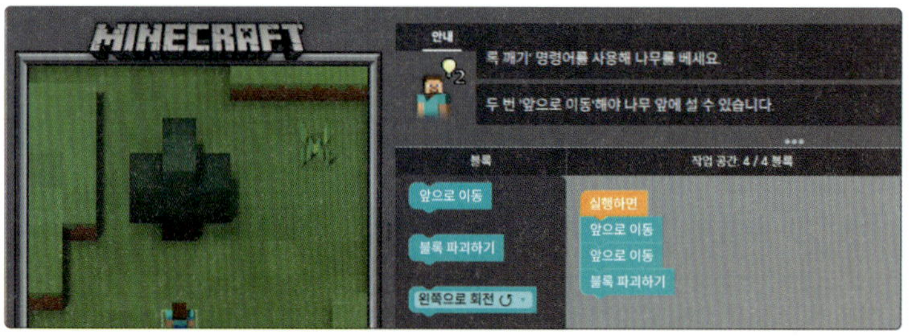

AI 챗봇으로 물어보기

Copilot **코파일럿 AI를 활용하여 오늘 배울 내용을 미리 알아보아요!**

코딩이란 무엇인지 초등학생이 이해할 수 있도록 쉽게 설명해 주세요.

프롬프트 엔지니어를 위한 문해력 키우기

사고력 확장 올바른 의사 표현을 생각해 보세요.

아래 문장에서 상황에 맞는 말하기 예절은 무엇일까요?
'선생님이 설명하는 동안 친구가 떠든다.'

크게 혼낸다	조용히 해 달라고 예의 있게 말한다
같이 떠든다	아무 말도 안 한다

1 마인크래프트 모험가를 실행해요.

① 인터넷에서 '마인크래프트 모험가 code.org'를 검색한 후 [Minecraft Hour of Iutorials - Code.org]를 클릭한 다음 마인크래프트: 모험가 항목의 [커리큘럼 살펴보기]를 클릭해요.

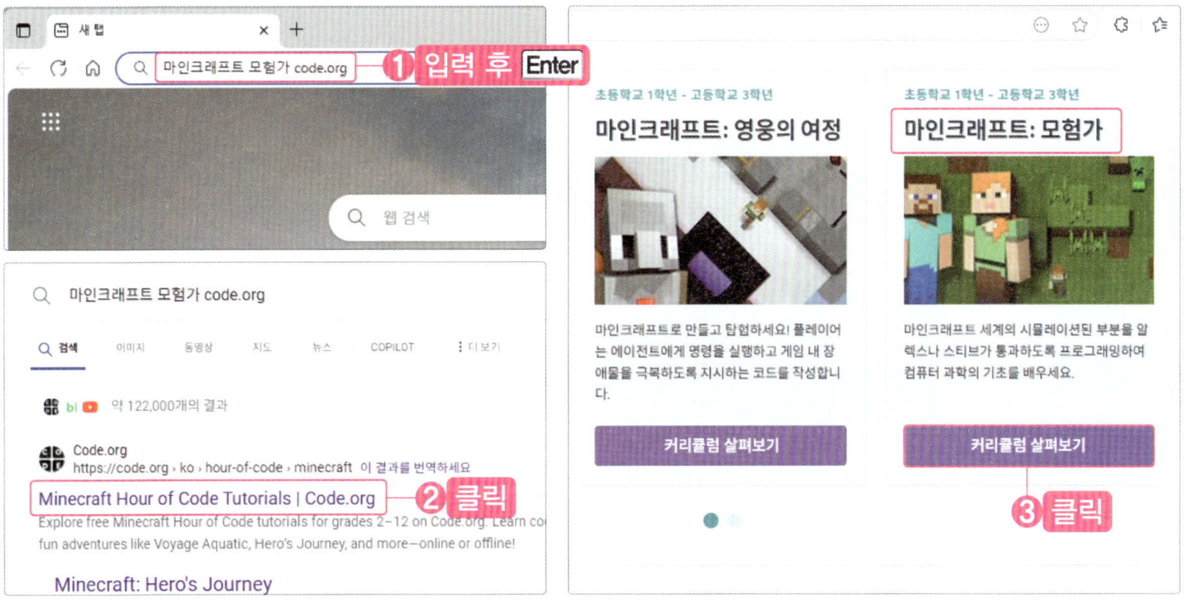

2 마인크래프트 코딩의 언어 및 캐릭터를 선택해요.

1. 마인크래프트 모험가 화면이 표시되면 [레벨1]을 클릭해요.

2. 마인크래프트 모험가 소개 프레젠테이션의 닫기( )를 눌러 영상을 종료해요.

3. 레벨1 화면으로 이동하면 언어(한국어)를 수정하고 원하는 캐릭터를 선택해요.

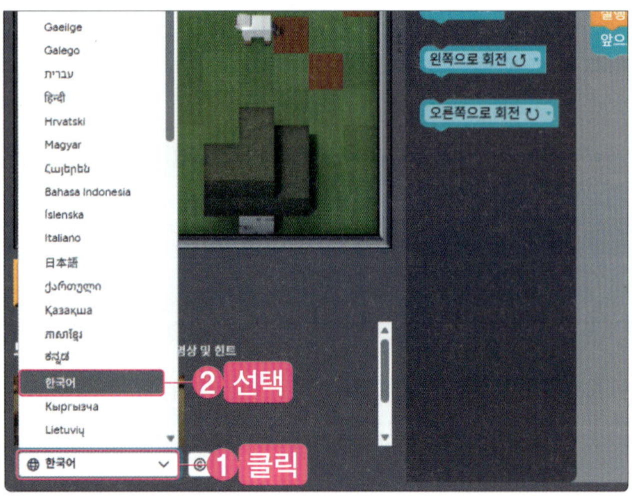

3 마인크래프트를 이용하여 코딩을 배워요.

❶ 레벨1의 과제 내용인 양까지 가는 문제 풀이를 위해 블록을 드래그하여 코딩을 연결한 후 [실행]을 클릭해요.

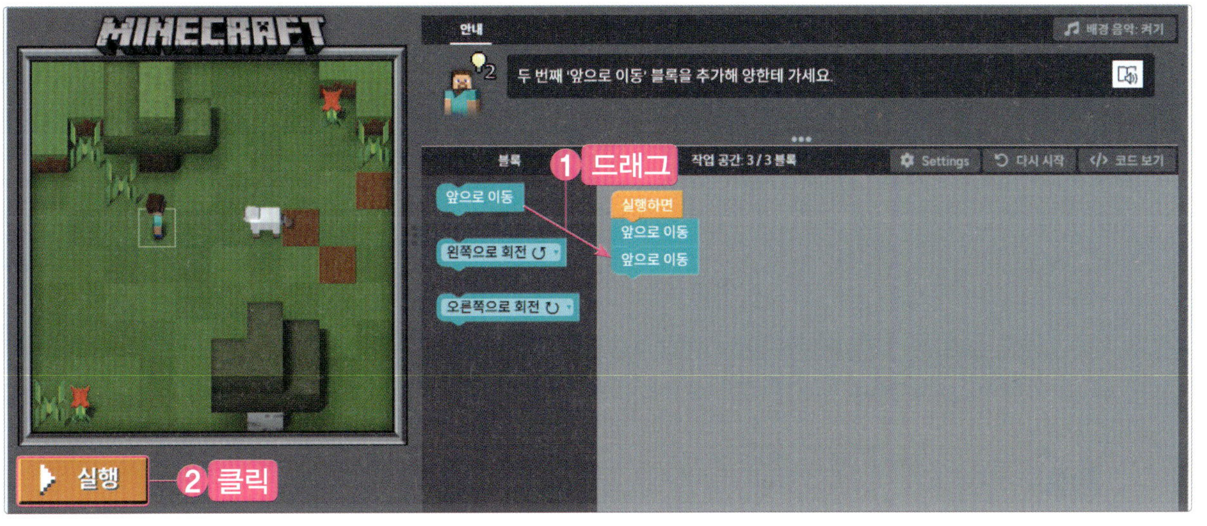

❷ 실행 화면에 블록 코딩에 따른 실행을 확인한 후 퍼즐이 완료되면 [계속]을 클릭해요.

↳ 블록 퍼즐이 잘못된 경우 [처음 상태로]를 클릭한 후 블록 퍼즐을 다시 완성할 수 있어요.

알고 넘어가요!

잘못 연결된 블록의 삭제는 어떻게 할까요?

블록 조립소에 연결된 블록 중 삭제할 블록을 블록 꾸러미 쪽으로 드래그하면 삭제(🗑) 아이콘이 표시되며, 삭제할 수 있어요.

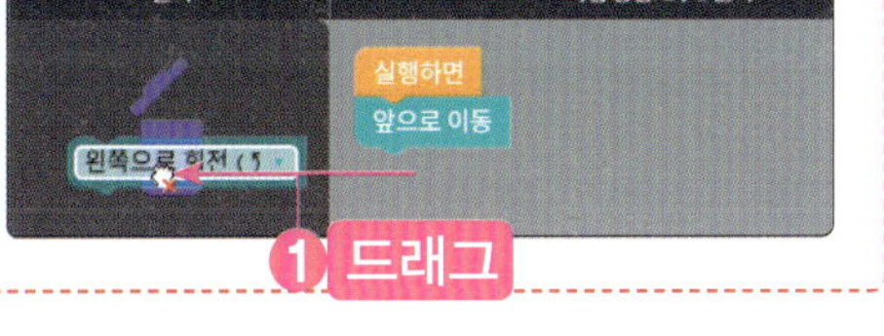

4 어려운 코딩 문제 힌트를 이용해요.

❶ 문제가 어려운 경우 캐릭터를 클릭한 후 [예]를 클릭하여 힌트 내용을 확인해요.

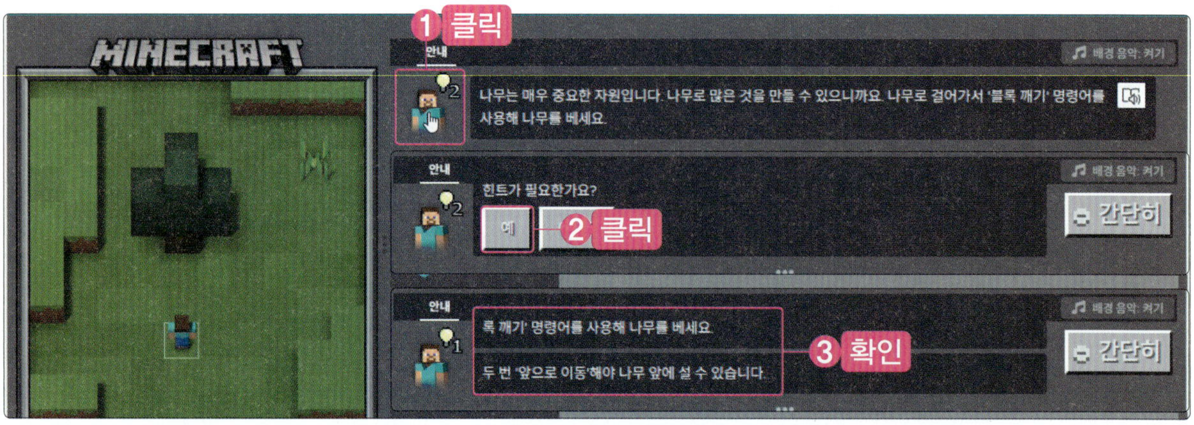

❷ 힌트 내용을 참고하여 블록 코딩을 완성한 후 [실행]을 클릭해요.

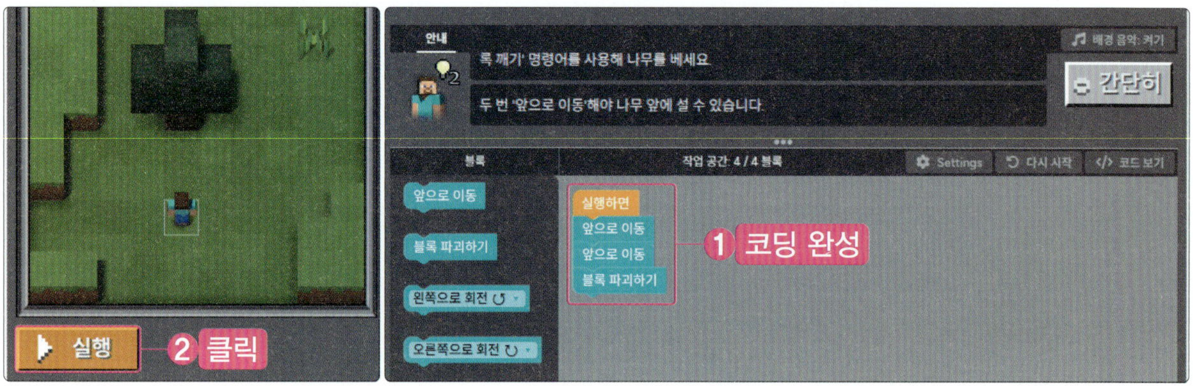

❸ 실행을 확인한 후 퍼즐이 완료되면 [계속]을 클릭해요. 같은 방법으로 단계별 코딩을 진행해요.

톡톡 학습

AI 천재로 가는 길!

AI 챗봇으로 물어보기

Copilot 코파일럿 AI를 활용하여 아래의 내용을 미리 알아보아요!

초등학생이 배울 수 있는 코딩 프로그램에는 무엇이 있는지 설명해 주세요.

01 14단계에서 아래의 조건을 참고하여 블록 코딩을 완성하고 실행해 보세요.

조건 : 2개의 나무를 베고 2개의 광물을 채굴하도록 코딩해 보세요.

CHAPTER 21

메타버스를 알아보자!

학습 목표

- 메타버스란 무엇인지 알 수 있어요.
- 네이버 젭(ZEP)의 사용법을 배울 수 있어요.

핵심 정리 배울 내용을 알아 보아요

메타버스란 무엇인가요?

메타버스는 인터넷 속 가상 세계를 말해요.
마치 게임처럼 컴퓨터나 스마트폰으로 들어가서 내가 만든 캐릭터로 친구들과 놀 수 있는 공간이죠.
실제 세상처럼 생긴 인터넷 온라인 놀이터와 같은 공간이에요.

네이버 젭(ZEP)은 무엇인가요?

네이버 젭(Zep)은 네이버에서 만든 메타버스 놀이터를 말해요.
선생님, 친구들과 같은 공간에 들어가서 다양한 체험과 수업 등을 함께해 볼 수 있어요.

AI 챗봇으로 물어보기

Copilot **코파일럿 AI를 활용하여 오늘 배울 내용을 미리 알아보아요!**

메타버스란 무엇인지 초등학생이 이해할 수 있도록 쉽게 설명해 주세요.

프롬프트 엔지니어를 위한 문해력 키우기

뜻맞히기 같은 목표를 위해 함께 힘을 모으는 것을 생각해 보세요.

아래 문장에 나타난 '협력하다'의 뜻은 무엇일까요?
'나는 친구들과 협력하여 조별 과제물을 성공적으로 마쳤다'

혼자 힘으로 처리한다	서로 마음과 힘을 합하여 돕는다
다른 친구의 의견을 무시한다	경쟁하며 방해한다

1 메타버스 네이버 젭(ZEP)으로 이동해요.

❶ 인터넷에서 '네이버 젭'을 검색한 후 [ZEP]을 클릭하여 네이버 젭(ZEP)으로 이동한 나음 [둘러보기]를 클릭해요.

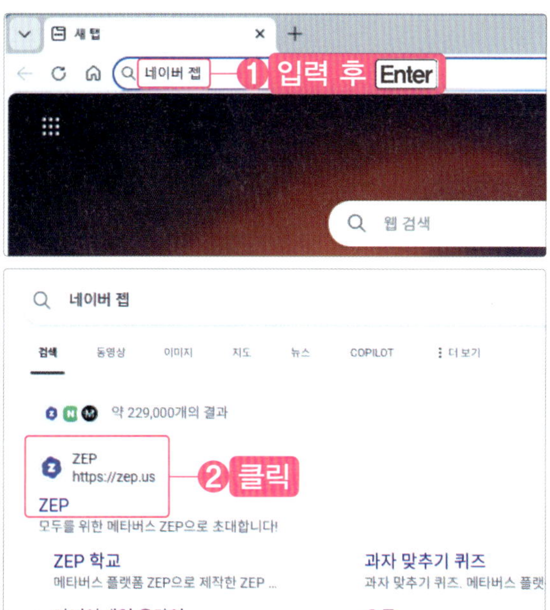

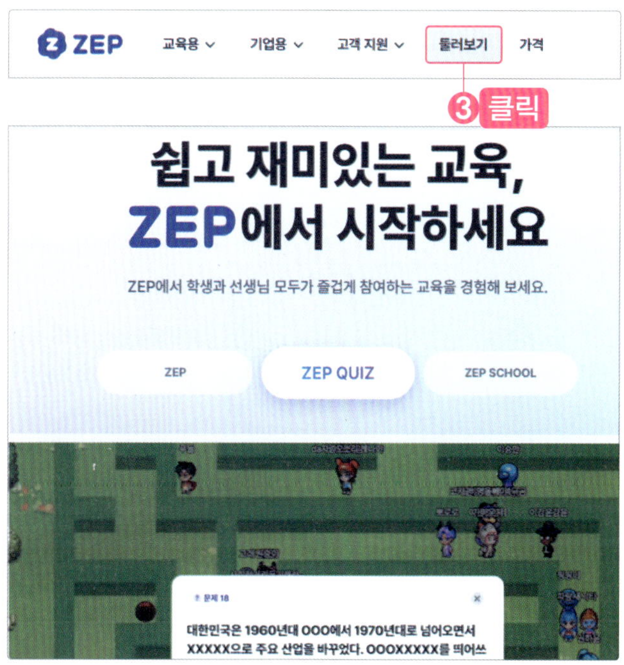

2 생활안전사고 예방 퀴즈를 체험해요.

❶ 둘러보기 화면이 표시되면 [퀴즈]를 클릭한 다음 [생활안전사고 예방 퀴즈]를 클릭해요.

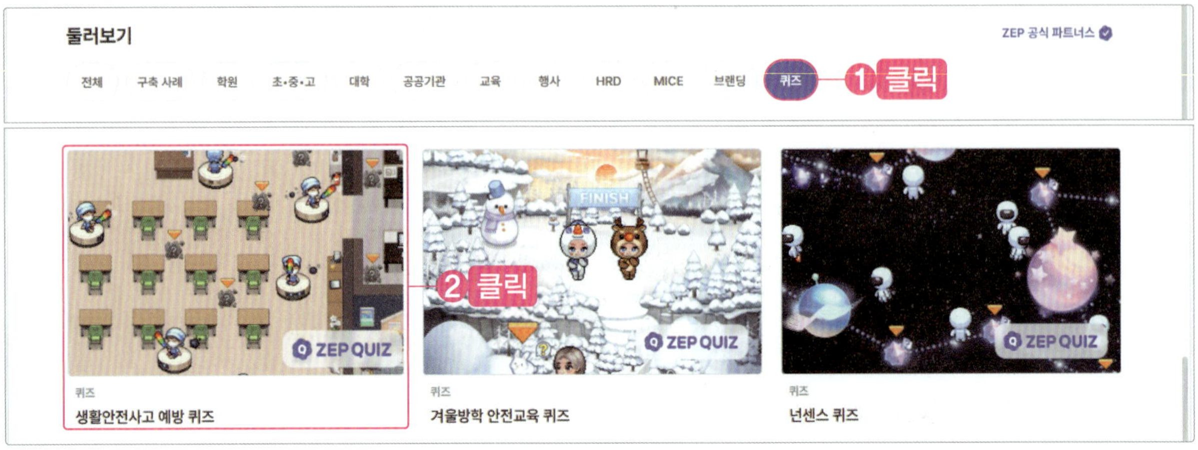

❷ 생활안전사고 예방 퀴즈 화면으로 이동하면 퀴즈 문제로 이동해요.

❸ 퀴즈 문제가 표시되면 정답을 체크하고 [제출하기]를 클릭해요.

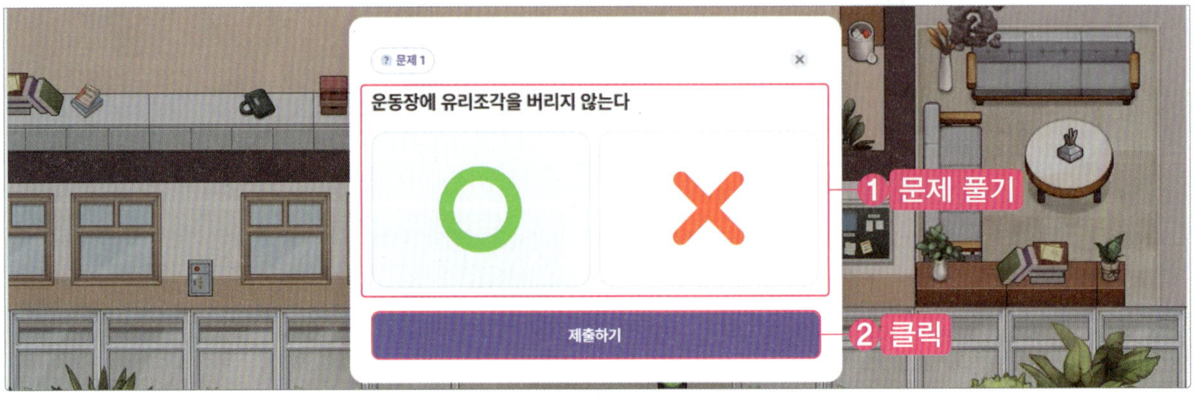

❹ 같은 방법으로 생활안전사고 예방 퀴즈를 풀어보며 문제에 따라 [힌트]를 통해 어려운 부분을 해결할 수 있어요.

❺ 문제 풀이를 모두 완료하면 맞은 문제 수 및 걸린 시간, 순위 등이 표시되며, [상세 기록 확인]을 클릭해요.

❻ 내 점수 기록이 표시되며, [닫기(✕)]를 눌러 종료할 수 있어요. 화면 위쪽 시트 탭의 [닫기(✕)]를 누르면 생활안전사고 예방 퀴즈 메타 버스를 종료할 수 있어요.

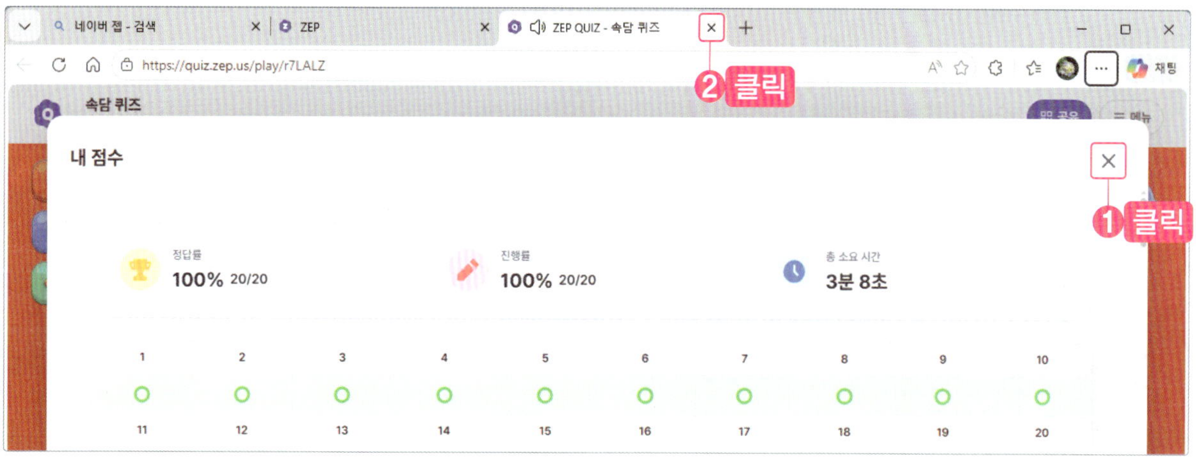

3 속담퀴즈 메타버스를 체험해 보아요.

❶ 네이버 젭(ZEP)의 [둘러보기]-[퀴즈] 화면에서 [속담 퀴즈]를 클릭해요.

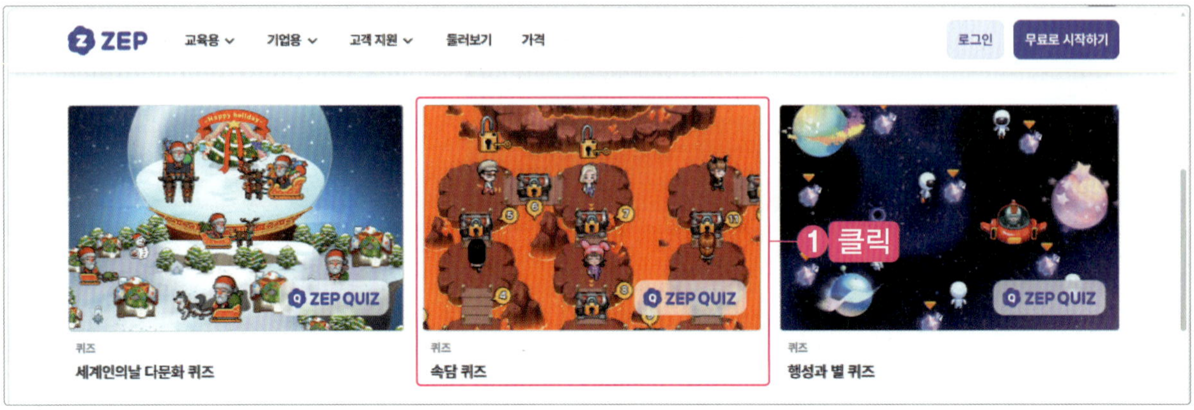

❷ 속담 퀴즈 메타 버스로 이동하면 단계별로 퀴즈를 풀어봐요.

↳ [힌트]를 클릭하면 속담 문제의 힌트를 확인할 수 있어요.

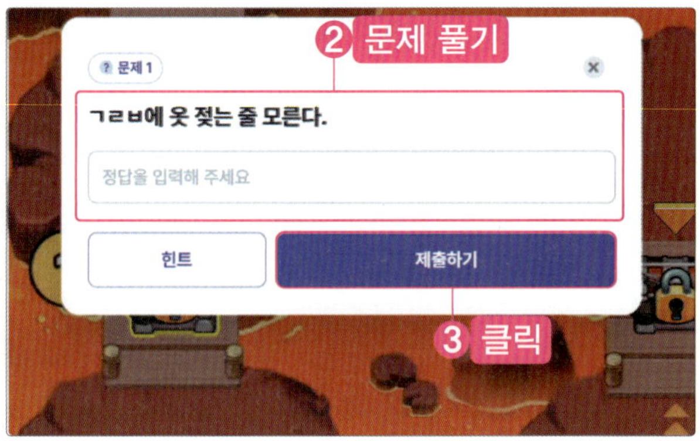

❸ 문제를 모두 풀면 맞은 문제 수 및 걸린 시간, 내 순위 등이 표시돼요.
[상세 기록 확인]을 클릭하여 내 점수를 확인하고 [닫기(✕)]를 클릭하면 메타 버스를 종료할 수 있어요.

CHAPTER 21

톡톡 학습

AI 천재로 가는 길!

AI 챗봇으로 물어보기

Copilot 코파일럿 AI를 활용하여 아래의 내용을 미리 알아보아요!

네이버 젭(ZEP)에서 이동 및 채팅 등 조작 방법이 무엇이 있는지 설명해 주세요.

01 네이버 젭(ZEP)의 둘러보기에서 맞춤법 퀴즈 메타 버스를 실행하고 퀴즈를 맞춰보세요.

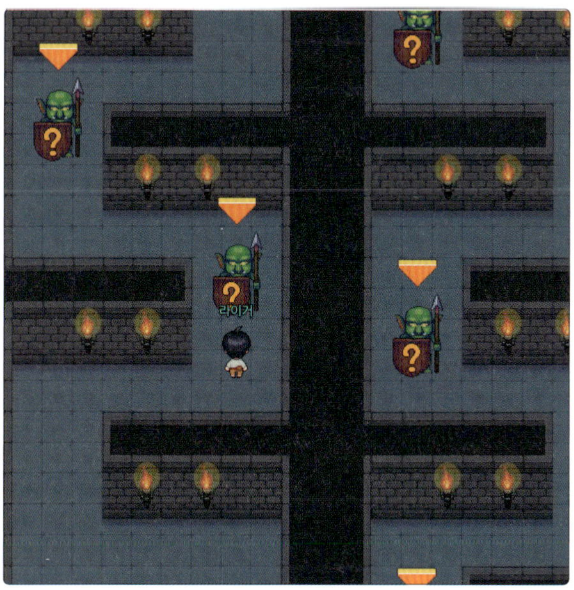

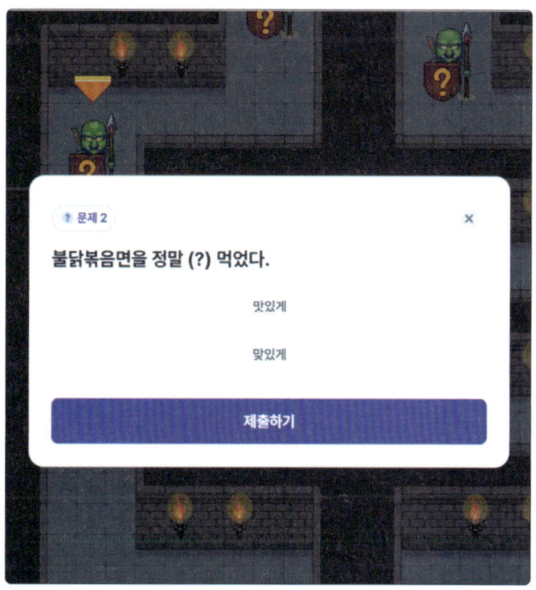

CHAPTER 22

윈도우~check! 이만큼 배웠어요!

실력 향상 문해력 퀴즈!

❶ 다음 문장에서 '관심'의 뜻으로 알맞은 것은?
"지수는 평소에 식물 기르기에 관심이 많다."

1 남의 일에 참견하고 방해함
2 어떤 것에 마음이 끌려 주의를 기울임
3 아무런 생각 없이 멍하게 있음
4 남을 속이려고 꾸며낸 생각

❷ 다음 빈 칸에 들어갈 가장 알맞은 단어는 무엇일까요?
"비가 그치고 하늘에 무지개가 ________ 떴다."

1 덩실덩실
2 교실에서
3 예쁘게
4 꼬박꼬박

❸ '거대하다'와 뜻이 비슷한 단어는 무엇일까요?

1 엄청나게 크다
2 작다
3 빠르다
4 가볍다

❹ 다음 문장에서 밑줄 친 단어를 바르게 고친 것은 무엇일까요?
"할머니께 선물을 <u>주었다.</u>"

1 줬다
2 빌렸다
3 드렸다
4 던졌다

❺ 도서관에서 책을 읽고 있는 사람들이 많습니다.
이 때, 내가 지켜야 할 올바른 행동은 무엇일까요?

1 친구와 큰 소리로 떠든다.
2 조용히 독서하며 방해하지 않는다.
3 뛰어다니며 술래잡기를 한다.
4 맛있는 간식을 꺼내 먹는다.

❻ '검소하다'의 뜻으로 알맞은 것은 무엇일까요?

1 비싼 물건만 골라서 삼
2 돈이나 물건을 아껴 쓰고 낭비하지 않음
3 무엇이든 자기 마음대로 함
4 성격이 아주 급함

❼ 다음 빈 칸에 들어갈 가장 자연스러운 것은 무엇일까요?
"철수는 어제 늦게 자서 오늘 아침에 눈을 뜨기가 ________."

1 괴로웠다
2 신났다
3 쉬웠다
4 즐거웠다

❽ '좁다'의 반대말은 무엇일까요?

1 넓다
2 얇다
3 길다
4 낮다

CHAPTER

윈도우~check! 이만큼 배웠어요!

22 윈도우 기본 활용하기

01 K마블(kmabl.co.kr)에서 마우스 게임을 실행해 보아요.

02 K마블(kmabl.co.kr)에서 키보드 게임을 실행해 보아요.

03 [22차시]-[배경화면] 폴더의 이미지를 바탕화면 배경의 슬라이드 쇼 형식으로 표시해 보아요.

04 그림판에서 이미지를 합성하여 작품을 만들어 보아요.

↳ [22차시]-[불러올 파일] 폴더의 자연.jpg를 배경으로 캐릭터.jpg 이미지의 배경을 제거하여 합성

CHAPTER 23

윈도우~check! 이만큼 배웠어요!

실력 향상 문해력 퀴즈!

❶ 다음 중 표준어법에 맞는 올바른 문장은 무엇일까요?

1 선생님, 저의 질문을 들어주세요.

2 나는 내일 학교에 갔다.

3 밥을 다 먹고 손을 씻었다면 좋겠다.

4 어제는 친구와 떡볶이를 먹으러 가요.

❷ 길에서 지갑을 주웠을 때, 가장 바람직한 행동은 무엇일까요?

1 주인이 나타날 때까지 내가 가진다

2 친구들에게 자랑하며 돈을 쓴다

3 경찰서나 가까운 파출소에 맡긴다

4 아무도 없으니 그냥 모른척 지나간다

❸ '화목하다'는 어떤 상태를 말할까요?

1 집안일이 너무 많아 힘든 상태

2 공부를 아주 열심히 하는 상태

3 서로 뜻이 잘 맞고 정답게 지냄

4 서로 다투고 미워하는 사이

❹ 다음 빈 칸에 알맞게 꾸며주는 말은 무엇일까요?
"시냇물이 ________ 흐릅니다."

1 헐레벌떡

2 졸졸

3 우적우적

4 반짝반짝

❺ '희망'의 반대말은 무엇일까요?

1 행복

2 꿈

3 기다림

4 절망

❻ 다음 중 단어의 사용이 어색한 문장은 무엇일까요?

1 나는 어제 일기를 쓰지 않았다.

2 운동화가 너무 커서 발이 끼었다.

3 강아지가 꼬리를 흔들며 나를 반겼다.

4 선생님께서 우리에게 숙제를 내 주셨다.

❼ 게임을 하다가 규칙을 어긴 친구를 보았을 때 어떻게 말하는 것이 좋을까요?

1 나도 똑같이 규칙을 어길 거야.

2 규칙을 지켜야 모두가 즐겁게 놀 수 있어.

3 선생님한테 가서 일러바칠 거야.

4 너는 이제부터 우리랑 놀지 마!

❽ '당황하다'의 뜻으로 가장 적절한 것은 무엇일까요?

1 너무 기뻐서 춤을 추고 싶음

2 무엇이든 할 수 있다는 자신감이 생김

3 졸음이 쏟아져서 참기 힘듦

4 갑자기 일어난 일에 놀라 어찌할 바를 모름

윈도우~check! 이만큼 배웠어요!

CHAPTER 23

동영상 편집하기

01 Clipchamp 프로그램을 이용하여 동영상을 합성해 보아요.

- [23차시]-[불러올 파일] 폴더의 고양이1.mp4 파일과 고양이2.mp4 파일을 하나의 동영상으로 만들기
- 동영상과 동영상 사이에 임의의 화면 전환 효과를 지정하기
- 프로젝트 저장하기 : 임의의 이름으로 저장하기

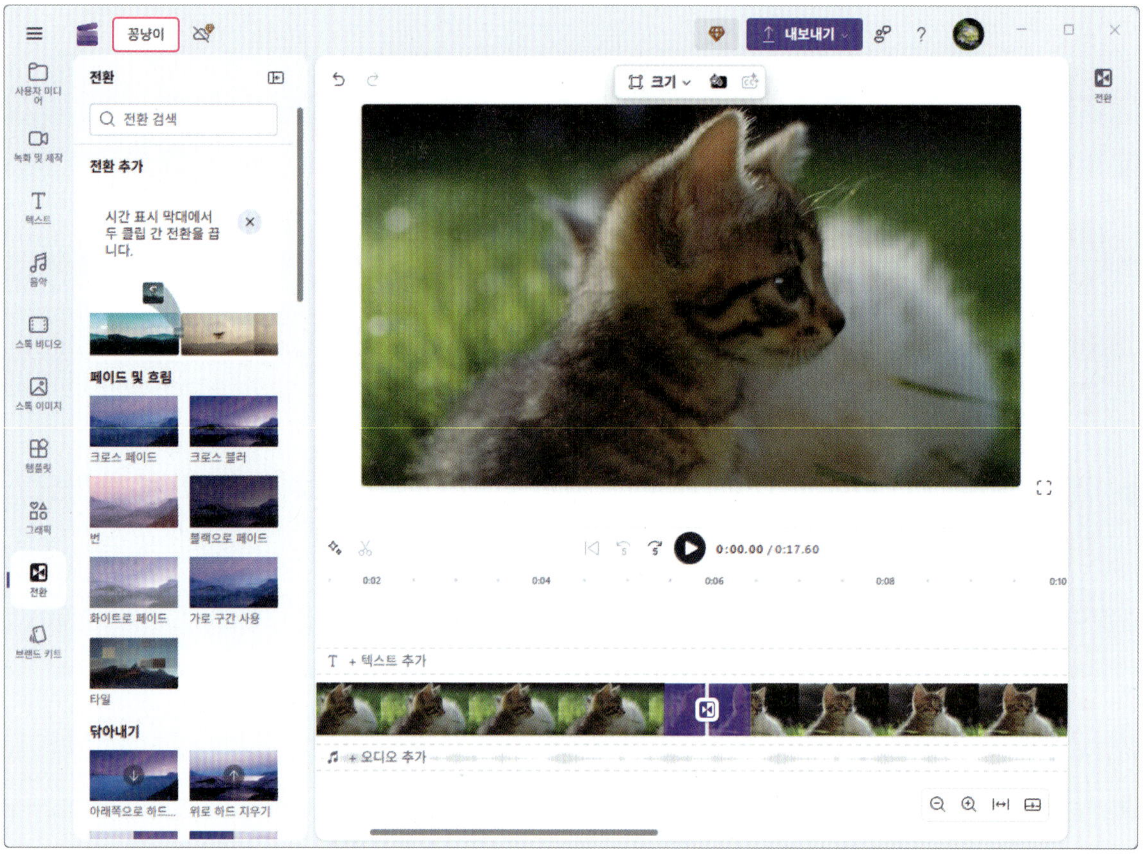

02 앞에서 합성한 동영상에 자막 및 배경 음악을 넣어 저장해 보아요.

- 텍스트 자막 넣기 : 텍스트를 삽입하고 서식을 수정한 후 임의의 페이드 및 효과를 지정하기
- 제공하는 음악 목록에서 원하는 음악을 배경 음악으로 넣고 영상에 맞춰 크기를 자르기
- 동영상 저장하기 : mp4 형식의 임의의 이름으로 저장하기

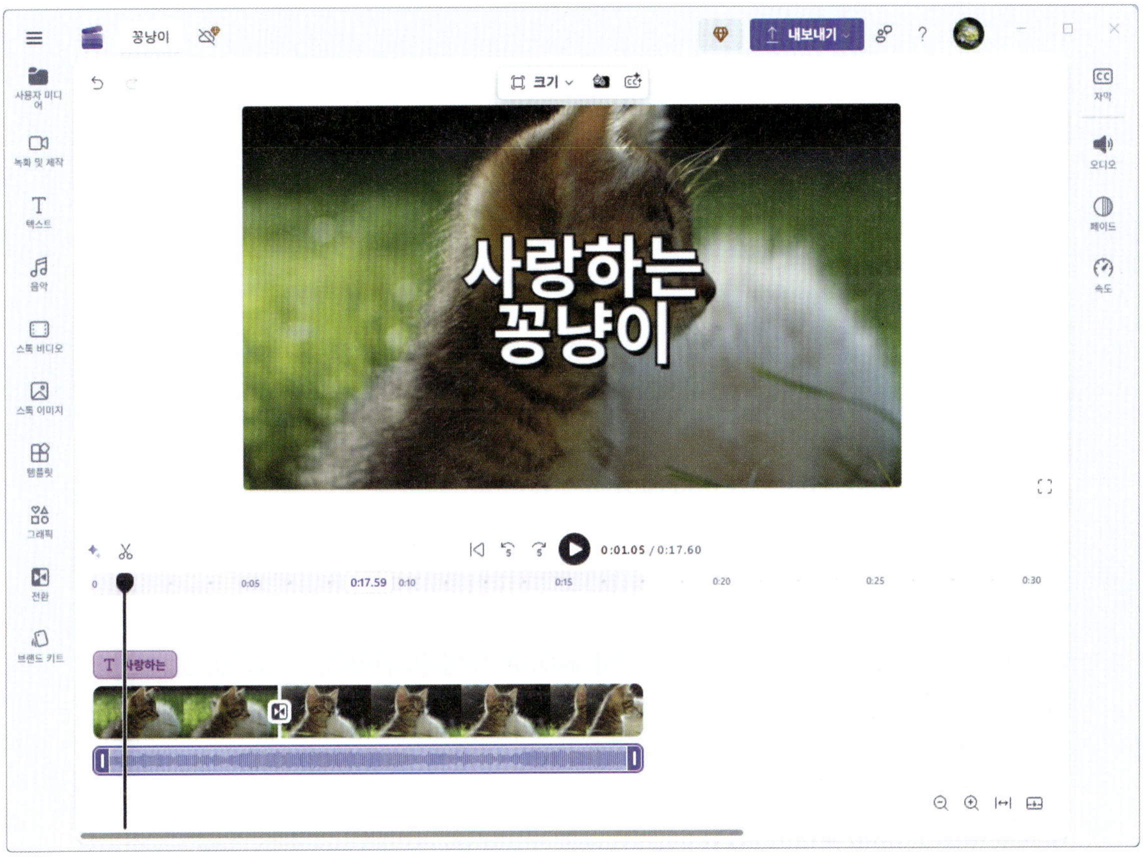

CHAPTER 24

원도우~check! 이만큼 배웠어요!

실력 향상 문해력 퀴즈!

❶ 다음 빈 칸에 들어갈 말이 나머지 셋과 다른 하나는 무엇일까요?

1. 날씨가 ______ 춥다.　　2. 키가 ______ 크다.
3. 사과가 ______ 맛있다.　　4. 옷이 ______ 작다.

1 매우
2 무척
3 데굴데굴
4 아주

❷ '용감하다'와 뜻이 가장 비슷한 말은 무엇일까요?

1 조용하다
2 겁나다
3 씩씩하다
4 차갑다

❸ 다음 문장에서 높임 표현이 올바른 것은 무엇일까요?

1 선생님이 밥을 먹는다.
2 할아버지가 자고 있다.
3 엄마가 시장에 가셨다.
4 아빠, 학교 다녀왔어.

❹ 발표할 때 긴장이 되어 목소리가 작아집니다. 어떻게 하면 좋을까요?

1 부끄러우니까 그냥 자리에 앉는다.
2 숨을 크게 들이마시고 천천히 말해본다.
3 아무 말도 하지 않고 서 있는다.
4 친구들에게 조용히 하라고 화를 낸다.

5 '꼼꼼하다'는 성격에 대한 설명으로 옳은 것은 무엇일까요?

1 남의 말을 무조건 따라 함
2 아무것도 하기 싫어함
3 작은 일이라도 빈틈없이 살피고 챙김
4 행동이 매우 빠르고 서두름

6 다음 빈 칸에 어울리는 흉내 내는 말은 무엇일까요?
"바람이 ______ 불어서 나뭇잎이 흔들린다."

1 엉금엉금
2 텅텅
3 반질반질
4 솔솔

7 '성공'의 반대말은 무엇일까요?

1 승리
2 경쟁
3 실패
4 노력

8 다음 중 문장이 자연스럽지 않은 것은 무엇일까요?

1 나는 내일 학교에 갈 것이다.
2 하늘이 파랗고 구름이 많다.
3 동생은 우유를 마시고 키가 노랗게 변했다.
4 나는 밥을 먹고 학교에 갔다.

윈도우~check! 이만큼 배웠어요!

CHAPTER 24

코딩과 메타버스 활용하기

01 마인크래프트 모험가의 [마인크래프트: 수중 항해] 코딩을 탐험해 보아요.

02 네이버 젭(ZEP) 메타버스의 [둘러보기]에서 [신재생에너지]에 대해 배워 보아요.

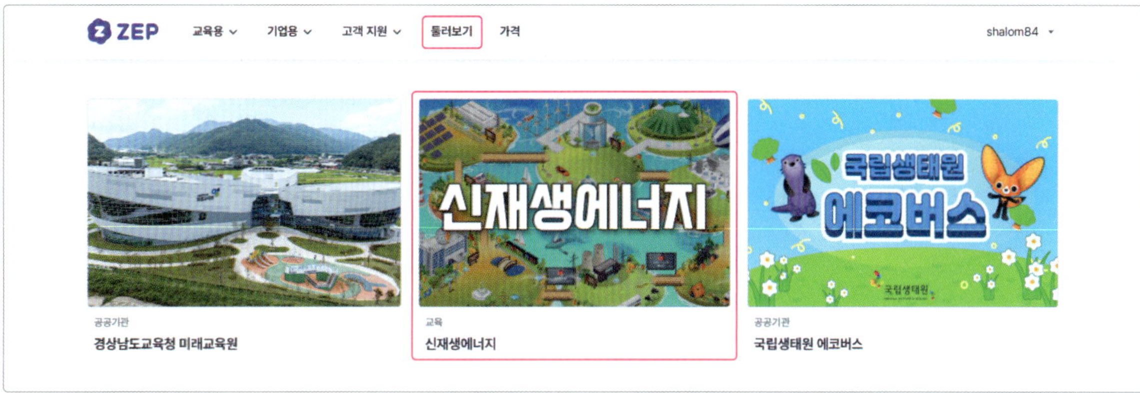

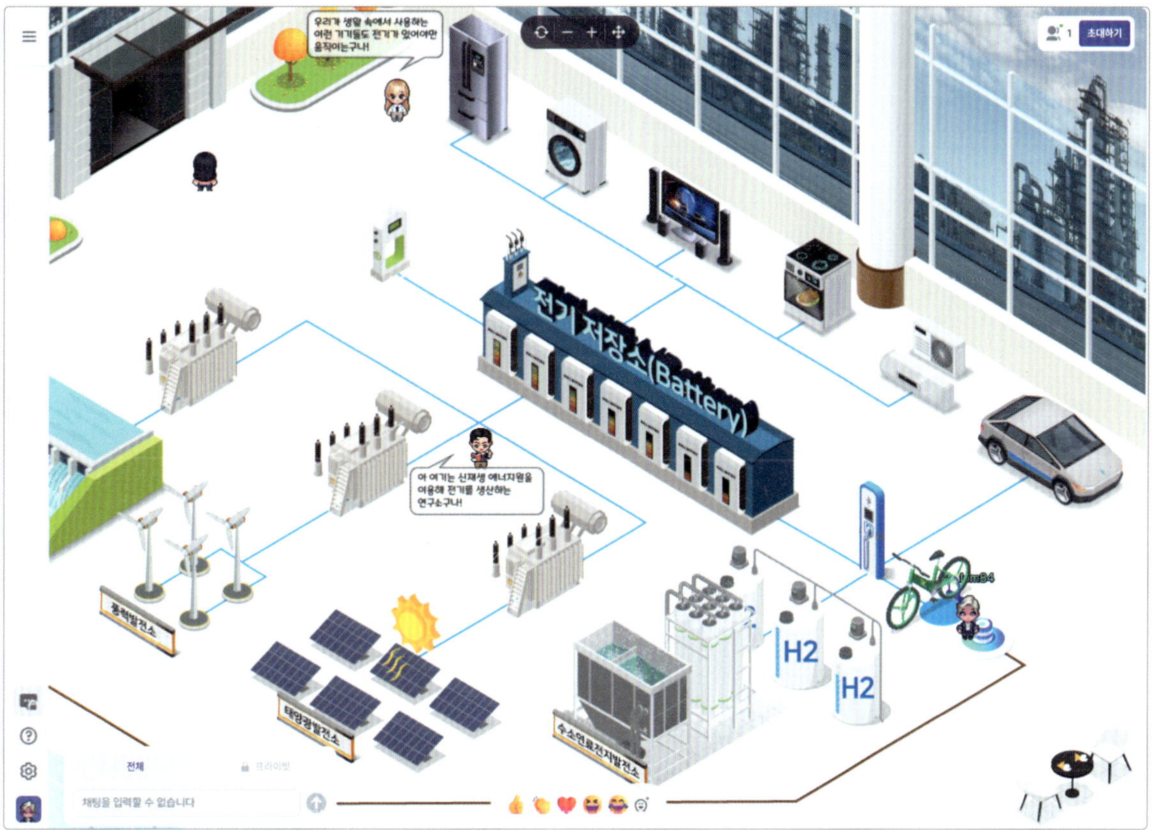

MEMO